「好き」から始める
暮らしの片づけ

アップデーター／整理収納アドバイザー
はらむらようこ

はじめに

はじめまして。はらむらようこです。片づけからスタイリング、買い物同行を通じて、女性が自分らしく暮らすためのお手伝いをしています。

　この本を手に取ってくださったあなた。きっと頑張り屋さんで、かわいい女性でしょう。「片づけたい」「自分の暮らしをよくしたい」……こうありたいと思う気持ち！　そのために何かを頑張ろうと素直に思われたあなたを、私は立派だと思います。

　そんな素敵なあなたです。「わたし、こんなに素敵に暮らしていいの?!」と思うくらい、まるで一国のプリンセスのような暮らしを送ってください。家はいわば城。この城には、あなたを最高の気持ちにさせてくれるものしか入れません。今のあなたが本当に好きで、うっとり、ワクワクするようなものだけが、優秀なコンシェルジュとなって暮らしを支えます。たとえ、バカラやシャネルであっても、あなたを困らせるものは、決して入れないで！

　そのためには、捨てるものがいっぱい？　それはある意味、ラッキーです。今すでにあなたが恵まれていて、幸せであるという証拠だからです。不用品に着目して嘆くより、そのことに気づいてほしいのです。

　家事や仕事を頑張ってきた自分に。
流行の服を楽しめた審美眼に。
趣味を謳歌できた健康な体に。
不用品をこんなにもため込めた家に。
片づけは目標ではなく、あなたがプリンセスとなって城で暮らすための単なる工程に過ぎません。大切なのは、ものではなく、自分が主役の人生を送ること。

　この本は、城の門番です。あなたのために、優秀なコンシェルジュたちが真摯に働いているかをチェックするのに役立つなら、私は最高に幸せです。

人生の主役は、ものではなく「わたし」

⇐

今の「わたし」が好きなものを選び取ればいいんです！

⇐

本当に好きなものは、じつはとっても少ない

⇐

だから、収納テクって、そんなに必要ないんですよ

⇐

好きなものと暮らすと、
暮らしの優先順位がはっきりし、
家事や育児がラクになります

子どもがのびのび、
家族がニコニコ、私もゆったり

⇐

今が楽しくって、過去が手放せ、
未来への不安がなくなります

⇐

自然とものが減って、
片づけいらず。
「わたし」の暮らしを楽しめます

この本では、
あなたが本当に好きなものを見つけることで、
片づけに振り回されず、
自分らしく暮らす方法をご紹介します。

Contents

Part 3

「好き」な服を選んで楽しく

着こなし

Part 4

「苦手」を作らない社交術

人づき合い

Column

暮らしの片づけを始める前に

プロローグ Prologue

人生は自分が主役。「我がまま」に生きよう

本当に好きな空間に暮らすことで、自分の欲求が明らかになります。今の私がやりたいことは、好きな人と昼ビール！

私がこれまで片づけに伺った方の年齢は20～70代。多くは女性ですが、いくつになってもかわいい女の子だと感じています。夫や子どもなど、人の世話は得意ですが、自分のことはいつも後回し。もっと自分本位に生きていいんだよ、といってあげたくなります。

そうできない背景には、女性の中に根づく固定観念が影響していると思います。母親はこうあるべき、ものを粗末にしてはいけない、ていねいな暮らしは善であるｅｔｃ．知らず知らずのうちにさまざまな「するべき」「ねばならない」が呪縛となり、自分の本当に「したい」が何かを考えることさえ忘れています。潜在化された自分の本質に、気づいていない人があまりにも多いのです。

自分が本当に求めていること――。そのことに気づいてもらうため、私が提案しているのはまず、空間を整えることです。ビジョンマップ（Ｐ24～25。本や雑誌から自分の「好き」な写真を切り出し、共通項を整理したマッピングシート）に沿った空間に暮らすと、そこにふさわしい自分になれ、「私はこれでいいんだ」と自己肯定感が生まれます。今の自分を認め、自信が湧いてくるのです。すると、今まで囚われていた固定観念から解き放たれ、封じ込めていた自分の本質、「本当はこれが好きだった」「本当はこうしたかった」が見えてきます。それは、たとえば整った部屋でママ友を集めてティーパーティーを開く、ということではありません。真っ白の部屋にしてみたい、録りためたドラマを1日中見たい……それこそが、今の本当の気持ちです。

本当の「好き」や「やりたい」がわかると、もの選びや時間の使い方が、劇的に変わってきます。ものや時間に振り回されることもなく、自分が主役となって人生を回す。その充足感は素晴らしく、今を楽しめるようになります。

あなたも「やりたガール」?「ていねいな暮らし」からの卒業

時間のない夕食は、豆腐もお玉ですくって鍋へ。子どもを待たせず、食事もせかさずにすむので、楽しい食卓に。

この仕事を始める前、私の家はもので溢れていました。仕事で読むべき本に埋もれ、健康ブームにのってマクロビをかじり、流行の服を買い漁る。私のように「大人の女だったらこれくらいやらなきゃ」とあれこれ手を出す女性を、「やりたガール」と呼んでいます。

情報過多の今の時代は、みんなが「やりたガール」だと感じています。向上心にたけた頑張り屋さん。だからこそ、心配なのです。それは、あなたが本当に望んでいることですか？　と。もし情報や社会の風潮に煽られ、やらされているのだったら、時間はどんどん奪われ、自分が苦しむばかりです。

「やりたガール」の中には、「ていねいな暮らし戦争」に巻き込まれている人もいます。手作りの菓子や子ども服、おもてなし料理、道具のメンテナンス……。私も娘が幼い頃は、スカートや髪飾りをよく作っていました。ファッションデザイン科卒ということもあって、「それくらい作らなきゃ」という呪縛に囚われていたのです。ロックミシンは手放しましたが、今でもときどき「ていねいな暮らし戦争」に巻き込まれそうになります。

また、私自身「マリアシンドローム」で辛い思いをしました。子どもを公園遊びの途中でお昼に連れて帰るのは、ひと仕事です。「母親だったら、家で手作りのご飯を食べさせるべきじゃないの？」という呪縛からしばらくはそうしていたのですが、あるとき近くのスーパーでおにぎりを買い、公園で食べることに。すると、「ねばならない」から解放され、育児が楽しくなり、私もラクになれました。

仕事に家事に育児にSNS……。誰もが忙しく、時間には限りがあります。あなたが本当にやりたくて、今を楽しめているなら、とても素敵です。でもそうでないとしたら、手放していいのは、「ていねいな暮らし戦争」と「マリアシンドローム」かもしれません。

「当たり前」を疑おう。カテゴリーをぶっ壊せ！

気に入っていないケースより、大好きな白い器を。ティッシュを取る（目に入る）たびに、ハッピーな気分でいられます。

前ページで「ていねいな暮らし戦争」や「マリアシンドローム」は、「するべき」「ねばならない」といった呪縛の表れだと説明しました。これらに囚われていると、自分の本質に気づきづらく、本当の「好き」や「やりたいこと」を見失いがちです。何より、家事や育児をやり過ぎて、自分を苦しめてしまいます。「するべき」「ねばならない」から解放されるためには、自分の「好き」を見つめるのが近道です。たとえば、ゴミ箱やティッシュケース。今使っているものは、気に入っていますか？　そうでなければ、一度手放してみてください。そして、ものを整理し、家にある好きなものの中から、最適なものがないか探してみましょう。かご、ボックス、陶器……。ぴったりのものはないでしょうか？　ちなみに、わが家のティッシュケースは陶器で、ゴミ箱は花瓶やファイルボックスです。形状や容量、素材が適していれば、それでOK。好きでもないのに、「だって、ゴミ箱だから」と我慢して使うことはありません。もののカテゴリーを壊すことは、ものそのものを見る訓練になります。さらには、ゴミ箱って本当にいる？　と一歩踏み込んで考えてみましょう。すると「案外、いらない？」と思うことが、暮らしの中にはたくさんあります。

もの以外では、「当たり前」と思っている、習慣や因習の常識を疑ってみます。私が実践しているのは、たとえば次のようなこと。

●洋服は着たら洗わなければならない。→汚れていなければ洗わなくてもいいのでは？

●夕食のおかずは何品も作らなきゃ。→豆腐や漬物もおかずにカウント！

「するべき」「ねばならない」を疑うことで、いらないものややらなくてすむことが、見えてきます。あなたはもう十分に頑張っています。そのことを認めて、やり過ぎを手放しましょう！

「この程度」を捨てて、欲望を解放しよう

恐る恐る試着したピンクのスカートは、
小学2年の娘に「ママかわいいよ」とい
われ、欲望のリミッターを解除！

写真のピンクのスカート。みなさんはどう思われるでしょうか？「かわいいけれどピンクはもうムリ」「もう少し若かったら、はいてみたいかも」ｅｔｃ．気になっているのにそう口に出てしまうのなら、それは自分で欲望のリミッターを作っているのかもしれません。

謙遜の気持ちが根づく日本人には「いやいや私なんか……」「こんなもんでいい」という「この程度」意識があります。尊い文化であると思うものの、自分のことを低く見積もっているようで、もったいなく感じます。自分が主役の人生を送るには、「この程度」意識に気づき、解除することが大切。

それには、まず、今の自分を肯定し、許すことから始めます。

たとえば、部屋が散らかっていることに、罪悪感を覚えているあなた。散らかっているのは、家事や育児、仕事を頑張っている証拠だと、自分を認めてあげましょう。ぐうたらでも、怠け者でも、片づけられない女でもないのです。

頑張っている人ほど、自分を謙遜しがちで、認めることが苦手です。最初のうちは照れると思いますが、次のように発想を転換してみましょう。

●子どもをめちゃくちゃ叱った。→心配し過ぎるくらい大切に思っている。

●がさつな態度を取ってしまった。→相手に甘えられる関係だ。

●パン焼き器を全然使っていない。→近所においしいパン屋があって幸せ。

●料理が上手に作れない。→なのに、毎日作って私ってえらい！

今の自分を認め、「この程度」意識を解除した先に見えるのは、「本当はこうしたい！」という真の欲求。今の自分にふさわしい暮らし方がきっと見えてきます。

ちなみに今の私が「好き」なもの

一瞬にして素敵空間になるライト

完成されたデザインの照明ひとつで、部屋は蘇ります。

拾った木の実を愛でるひととき

楽しい散歩の思い出が蘇る小さな自然のインテリア。

気分が上がるベージュトップス

パターン、生地。全部好きに出合った喜びを纏う服。

ワイングラスで味わう前菜

食卓の雰囲気が一変する100円グラスの使い方。

炊事が楽しくなる三角コーナー

雑貨屋で見つけた入れ物をゴミ入れにするという発想。

Part 1

「好き」なものだけで軽やかに

整理と収納

「好き」より
大切なものはない

私の前職は家庭用品のデザイナー。「便利そう」「安いね」という大量生産品をたくさん世に送り出してきました。その経験から学んだのですが、ものは所詮もの。人が快適に暮らすための道具に過ぎません。広告やメディア、片づけの流行に惑わされることなく、自分が「好き」と思うものを選んでほしいのです。

好きでもないのに使っている？　だとすれば、それは自分への冒涜です。もっと自分を大切にしてください。女性は自分のことを後回しにする傾向があり、本当の「好き」を封印しがち。

「好き」を知るために、私はビジョンマップ（P24〜25）の作成を勧めています。

自分の「好き」を集め、共通項を分析したビジョンマップに沿ってものを選ぶと、好きなものが明確に。また、その数はごくわずかで、家全体のおよそ2割であることに気づきます。私はこれらをゴールド、それ以外を金メッキと呼んでいます。

たった2割のゴールドを収納するのに、テクニックも収納家具も必要ありません。自分の本当の「好き」を知ることで、収納は手放せます。

まずは時間と欲望の整理で、私の「したい！」を知る

［時間の整理］

起床から就寝まで、1日の過ごし方を30分ごとに書いてみます。
自分の時間のほか、子どもの遊び時間や夫の在宅時間なども把握。

家でリラックスする時間はどれくらいある？

一般的な例（平日）

6:30	起床、洗濯、部屋の片づけ
7:00	朝食準備、夫の弁当作り
7:30	朝食
8:00	身じたく
8:30	出勤
14:30	帰宅、休憩
15:00	子どもが帰宅、宿題を見る
15:30	子どもと公園や図書館へ、買い物をする
16:30	帰宅、テレビを見る、お茶をする
17:00	夕食の準備
18:00	夕食
19:00	夕食の後片づけ
19:30	子どもと入浴
21:00	子どもの寝かしつけ
21:30	学校プリントや習い事のチェック
22:00	友人とLINEやSNS
22:30	夫が帰宅、夕食準備
23:00	テレビを見る
23:30	就寝

紙に書き出して振り返ろう

⇓

平日はたった2時間。意識的に休んだり家事をしたりしたい！

女性はみんな「やりたガール」で多忙。そこで、片づけを行う前に時間と欲望を整理します。

まずは時間。1日の時間割から、時間の使い方を把握しましょう。家事や育児、自分の時間……。リラックスする時間は取れていますか？

次は欲望で、年齢や収入などから無意識のうちに封印しがちです。不満や心配事をすべて吐き出しましょう。

たとえば「自分の時間が30分しかない」なら、何をすればリラックスできるかを振り返り、「好きなアロマと半身浴」など、解決の糸口が見えてきます。

自分のことは案外知らないもの。振り返りで本質を探ります。

［欲望の整理］

左端のフローに沿って進めます。まずは感情のおもむくままに、次は冷静な振り返りを。
書くうちに、不安や悩みが希望に変わっていきます。

		例1	例2	例3
思うままに書いてみよう	困ったり怒っていることは何？ ⇓	家族がものの場所を知らない	もっとかわいいインテリアにしたい	ほこりは気になるけれど、掃除はしたくない
	家族に要望してみよう ⇓	ものの場所を覚えてほしい	夫のラックがじゃま。どけてほしい	夫は掃除機を適当にかけるのでちゃんとかけてほしい
落ち着いて振り返ってみよう	自分にできることは？ ⇓	ものの場所を教える	夫に捨ててと頼む	かけてほしい場所をお願いする
	どんな気持ち？ ⇓	ものの置き場所に迷っている。じつは収納が苦手	頼んでも捨ててくれない。いうことを聞いて！	きれいな家に住みたい
	では、具体的に何をしよう？ ⇓	私も曖昧な場所があるから、家族と相談する	ラックのものを整理し、別の場所を作ってあげる	夫も私も掃除機がかけにくい。床の植物を棚へ
	わかったことは……	私任せなのが辛い。家族と一緒に考えよう	ラック以外にも私のものがごっそり。整理しよう	私はきれい好き。掃除がしやすい家にしよう

⇓

「したいこと」「できること」が見えてくる！

「10年後の私」を描いて、今の「したい！」を探ろう

片づけなくちゃと思うけれど、それは今？　それとも……。10年ライフプランでは、時間を長いスパンで見つめ、家族や住まいのあり方から、今やるべきことを考えます。

左のページのように、この先10年の家族のビジョンを書き出します。何か大きな目標を掲げないとダメなのでは？　そう思いがちですが、むしろ逆です。目的は、自分の本質を探ること。背伸びして自分探しをする必要はまったくありません。

まず、自分と家族の年齢を書いてみましょう。家族の年齢を書くことで、子どもの就学や夫の退職などが把握でき、たとえば「子どもも部屋を用意するのは小学校に上がる前にしよう」などと、タイミングをつかみやすくなります。すると、「慌てて部屋を用意する必要はない」と、今やるべきことが明確に。

先の見通しが立つことで、未来への不安が薄れ、今を楽しんで暮らせるようになります。

見通しを立てて
今を楽しもう！

[家族の10年ライフプラン]

西暦と年齢を書いたら、自分のやりたいことを書き込みます。
思いつかない場合は、家族から始めてみて。ムリに埋める必要はありません。

	自分	長女	長男	夫
2017年	**36歳** 子どもの飛行機代がタダのうちに旅行に行きたいな	**4歳(年中)**	**1歳**	**40歳** ランニングを始めたい
2018年	**37歳** カフェや雑貨店で働いてみたい。沿線のお店巡りも	**5歳(年長)**	**2歳** 弟のママ友も作りたいな	**41歳** 山登りをしたい
2019年	**38歳** 夏頃から午前中だけパートに出られるかも	**6歳(小学校入学)** おもちゃをリビングから子ども部屋に移動	**3歳(幼稚園入園)** おもちゃをリビングから子ども部屋に移動	**42歳** キャンプをしたい
2020年	**39歳** ピアノを習ってみたいな	**7歳(2年生)** やりたがったら一緒にピアノを始めても	**4歳(年中)**	**43歳**
2021年	**40歳**	**8歳(3年生)**	**5歳(年長)** 体を動かす習い事をさせたいな	**44歳** 車を買い替えたい
2022年	**41歳**	**9歳(4年生)** 自室で勉強できるようになるかな	**6歳(小学校入学)** リビングに学習机を置くべき?	**45歳** トレイルランニングに挑戦したい
2023年	**42歳** ハワイかタイに行きたいな	**10歳(5年生)** 学習塾に通わせようかな	**7歳(2年生)**	**46歳** ハワイでのマラソンレースに出場したい
2024年	**43歳** パート時間を夕方まで延長しよう	**11歳(6年生)**	**8歳(3年生)**	**47歳**
2025年	**44歳** リビング隣の和室をリフォーム?	**12歳(中学校入学)** 個室を与える? 寝室からベッドを移動?	**9歳(4年生)** 個室を与える? お姉ちゃんと相談	**48歳**
2026年	**45歳** 体重維持のため筋トレを続けたいな	**13歳(中学2年生)**	**10歳(5年生)**	**49歳**

⇩

家族の未来予想図から、10年後の私が見える!

「好き」を集めたビジョンマップを作ろう

1冊の雑誌から作ったインテリアのビジョンマップ。ビジョンマップは、服やインテリアなどのもの選びのほか、リフォームでも役立ちます。整理収納サービスでは、ビジョンマップをさらに分析したカラーチャートも作成。

「なんとなく好き」では、もの選びは曖昧なものになり、「よくわからない」となります。たとえば、映画「タイタニック」に出てくる客船の内装が「なんとなく好き」な場合。それが、ジョージアンスタイルだとわかれば、「好き」の物差しがはっきりします。

そのために有効なのが、ビジョンマップです。ただ雑誌を切り抜いたスクラップと違う点は、徹底した分析。選んだ写真と落とした写真の両方から、アプローチします。選んだ写真から共通項を見つけ、「好き」の輪郭を浮かび上がらせます。一方で、落とした写真からはその理由を探り、「好き」の絞り込みに役立てます。

ビジョンマップのもうひとつの目的は、「この程度」意識の解除。「買えそうにない」「家に似合わない」などと考えず、自分が「いいね！」と思う写真をピックアップ。自分がなりたい姿を追い求めます。

［ビジョンマップの作り方］

お気に入りを1冊選ぶ

大型書店のあらゆるコーナーを回り、「素敵！」と思った本を１冊選びます。インテリアのビジョンマップだからといってインテリア誌でなくてもＯＫ。

⇓

付箋を貼りカット

「いいね！」と思ったページに付箋をつけ、カットします。広告も除外せず、しっかりチェック。何枚になってもかまいません。

⇓

手で隠す

緑や花、窓、おしゃれさんが写っていたら、手で隠してみましょう。案外「あれ？　違った」ということも。全体の雰囲気に惑わされず、本質を見ます。

1m離れて見る

床に並べて上から見ると、目に留まるものとそうでないものに分かれるはず。俯瞰することで、たとえば「全部床が木」など共通項が見つかります。

⇓

6～7枚に絞る

の共通項に沿ったものを６～７枚選びます。落とした写真もよく見て理由を分析。たとえば「冷たい印象がする」なら「自然素材が好き」ということに。

⇓

1枚のシートにする

5を１点ずつ写真に撮り、画像編集アプリなどで１枚のシートにまとめます。もの選びに迷ったときは、このシートでいつでも原点に。

家の中の好きなもの探し
はらむら式整理手順

はらむら式整理手順の特徴は
振り返り。
ものの共通点や
買い物の失敗を分析し、
今に生かします。
ダイヤの原石を選り分けるように、
ゆっくりと段階を踏み、
本当の「好き」を探しましょう。

1

毎日使う場所から

キッチンの引き出しやメイクボックスなど、毎日使う場所から始めます。気負わず、１日15分を目安に。人のものには手を出さないのがルール。

⇓

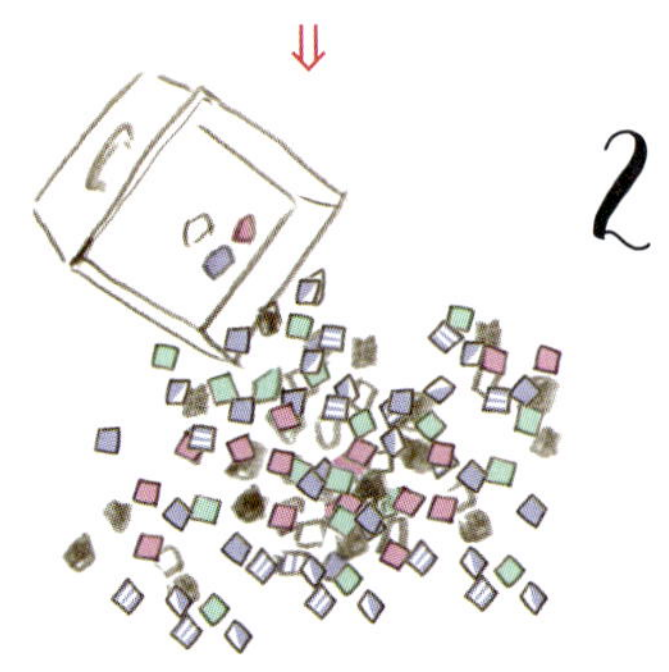

2

ものを全部出す

面倒ですが、必ずものは全部出します。数に驚き、自分に呆れたらチャンス！　同じ種類のものがほかの場所にあったら、それもかき集めて。

⇓

3

好きで使っているものを抜き出す

好きで、今現在使っているものだけをピックアップします。カリスマバイヤー気分で、私だけのセレクトショップを作ればＯＫ。

4

共通点を探る

ピックアップしたものから共通点を探ります。色がきれい、軽くて持ちやすいetc.　よく観察することで、自分の「好き」を明確化。

⇓

5

2回目の抜き出し

3の中から、4の共通点を備えているものだけをピックアップします。ものどうしを比較すれば、自然と数が減っていくはず。

⇓

6

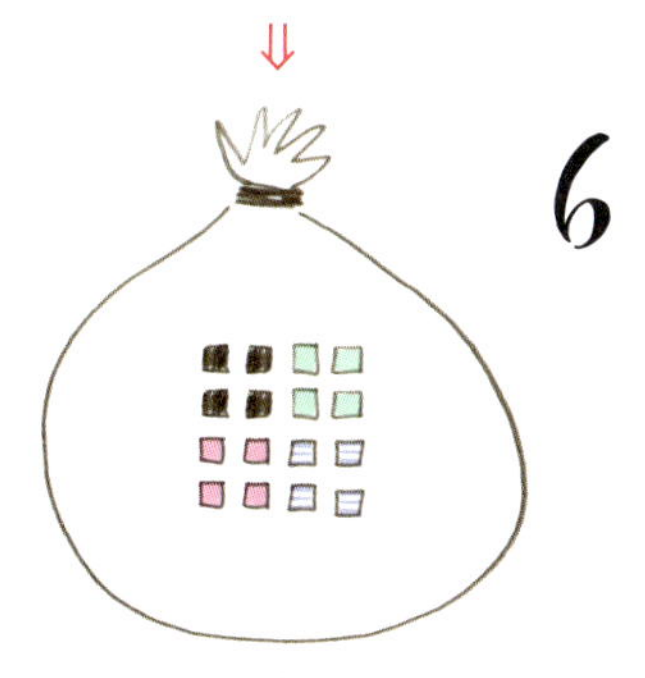

迷ったものは「遠距離」作戦

たとえば「形は好きだけど色がイマイチ……」など、「好き」と即答できないものは、ゴミ袋に入れて天袋などで期限つきの保管を（P102〜103参照）。

7

購入時の振り返り

残ったものが家にやってきたときのことを思い出します。衝動買い？　いただきもの？　振り返ることで、手放す準備ができ、今後の買い物に生かせます。

⇓

8

3年使っていないものは処分

この3年、気に入っておらず、使っていないものは捨てても大丈夫。捨てる罪悪感や不安は手放しましょう。

⇓

9

引き出しが宝箱に

残ったのは今好きで使っているものだけ。じつはこんなに少ないのです。でもなんとかなるもの！　今後は、本当に気に入ったものだけを買いましょう。

ものを手放す魔法のフレーズ

不安や執着があると、
ものはなかなか手放せません。
おもしろいネーミングをつけることで、
他人事のように客観視。
くすっと笑えると不安や執着が遠のき、
ものへの未練がなくなります。

昔焼き肉今刺し身

諸行無常――。世の中は移り行くものだから今を大事にしようとお釈迦様は説いています。人の好みも同じで、刻々と変化するもの。昔好きだった過去の「好き」を取っておく必要はありません。今好きなものを素直に受け入れて。

茶葉の出がらし

着なくなった服や使わなくなった器は、たとえれば茶葉の出がらし、味のしなくなったガム。腐らないものも、じつは消耗品で有効期限があるのです。さっさと取り替えて、フレッシュな味を堪能しましょう！

プレゼントは罪悪感のたらい回し

自分の好みではない、プレゼントや旅行土産。人に譲るなら、1週間と期限を区切って。その間に、「やっぱり彼女もいらないかな」「クリーニングに出すべき?」とためらった場合は処分。譲られた友達を困らせてしまうだけです。

所詮大量生産

作り手だったからこそ、いえるのです。ものは所詮もの。いくらでもコピーできますが、「わたし」はひとりだけ。人のコピーはできません。過去大切にしていたものだから……と思い入れを抱く必要はないのです。

高かったから捨てられる

なんとなく買った1万円の服を1回しか着なければ、着用単価は1万円。まだ着られるから、いつか着るかもと、タンスの肥やしに。10万円でも好きならガンガン着て単価が下がるので、「よく着て楽しんだ」と潔くオサラバできます。

知らないおじさんと同居

人からもらった全然好みでないものや、いつ買ったか覚えていない過去の遺物は、いわば「知らないおじさん」。押し入れに大事に取っているのは、知らないおじさんと同居しているようなもの。それ、気持ち悪くない?

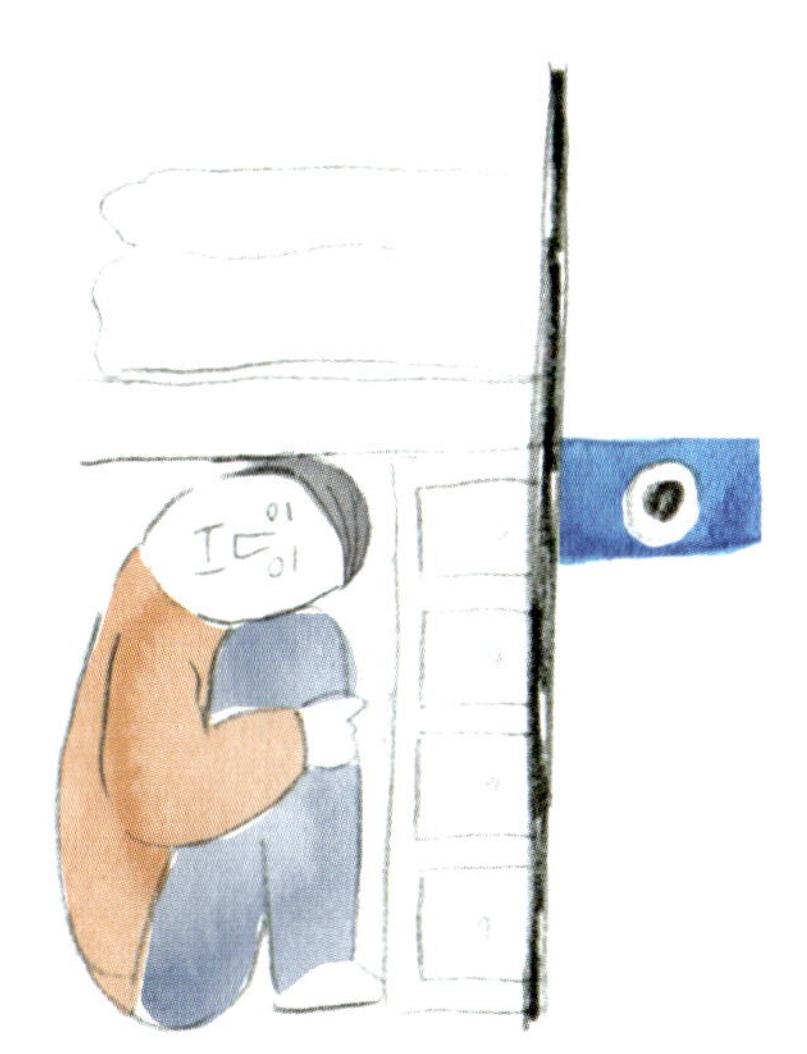

聖域にメスを入れる

[子どもの作品]

子どもの作品は、過去のものより今作りやすい環境を大切にします。取っておきたい場合は、その理由を考えましょう。子どもが捨てたくないといった？　それともあなたが？　前者の場合は、作りたいのか、遊びたいのかを観察します。後者の場合は、飾りたいのか、残したいのか。それがわかったら、次のフローを実践しましょう。

子ども

遊びたい
➡引き出しひとつに保管

収納場所を決めて（わが家はリビングの引き出しひとつ）、子どもが自分でまた遊びたいものを選んで保管。いっぱいになったら見直します。

作りたい
➡捨てる

子どもが作りたくて作った場合は、「よくできたね」と声をかけ、その日のうちに処分。明日もたくさん作れるように、机の上を空けておきます。

親

残したい
➡一時保管を経て永久保存ボックスへ

床に白い紙を敷いて作品を置き、スマホで撮影します。クラウドにUPして家族で共有し、子どもの成長を楽しみます。写真を撮ることで安心感も。

⇓

すごく気に入ったものや、捨てられないものは、ムリに捨てようとせずに、現物を取っておきます。専用の保管場所を決めてその中へ。

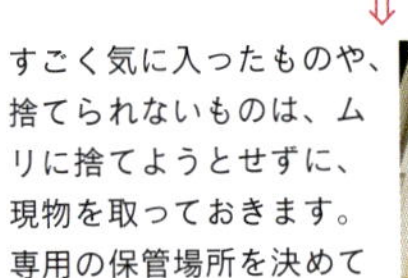

⇒

保管場所がいっぱいになったら、子どもと一緒に整理し、画集を作る気持ちで残したいものを永久保存ボックスへ。ボックスは棚の上などで保管。

飾りたい
➡子どもギャラリーへ

家族が必ず目にする場所に飾ります。ちなみに、わが家はトイレ。壁をキャンバスにしてピンで留め、更新時に処分。

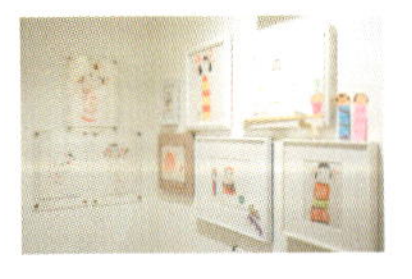

［本］

本棚から本を全部出し、一生残したい本、今日にでも読みたい本、一度読んだらもういい本の順に取り出します。
時間は1冊8秒が目安。ポイントは「今日読みたい本」で、1日何分、いつまでに読了すると自分に宿題を課して。「そんなことできるはずない！」と思ったらしめたもの。むやみやたらに本を買ったことを反省し、手放せます。

一生残したい
➡取っておく

瞬間的に無言で手に取ったものは、たいていが一生残しておきたい本。本棚のいちばんいい場所に戻し入れましょう。

一度読んだらもういい
➡売る・捨てる

状態のいい本は、外に持ち運べるバッグやコンテナの中に入れていきます。今日にでもリサイクルショップに走って！　それ以外は処分。

今日にでも読みたい
➡枕元に並べる

いちばん多いのがこれ。枕元に並べ、就寝前の時間を読書に充てましょう。自分で期限を決めて読みきれなかったら、手放す覚悟ができるはず。

［プレゼント］

人からいただくものは、自分が好きなものとは限りません。その場合は自分を偽らず、ものとサヨナラを。ただし気持ちは頂戴し、「いつも気にかけてくれてありがとう」と伝えます。ものについて触れる必要はありません。
長いつき合いで捨てられないものは、自分のスペースから追い出し、目に触れない場所で保管しましょう。

趣味ではない
➡捨てる

自分が気に入っておらず、捨てられるものは、手放します。食品はすぐ開封し、冷蔵庫の目立つ位置に置いて試し、口に合わなければ処分。

人に譲る
➡紙袋に入れて玄関に

自分は気に入っていないけれど、友達にぴったりのものがあったら、人別に紙袋へ。いつでも持ち出せるよう、玄関でスタンバイ。

捨てられない
➡ボックスにしまって棚上に

捨てられないものは、ムリに捨てず、持っていて大丈夫。空間にふさわしくなければ、ボックスに入れて見えないところで保管。

好きなものだけだと収納テクは必要ない

分ける

種類の多いものは、仲間どうしで分け、見つけやすいようにします。開け閉めでごちゃまぜになるのも防止。

自分の本当の「好き」を知り、整理を進めるとものは減っていきます。すると、あんなに狭かった収納スペースが広く感じられ、「どう収めようか」と悩まずにすみます。極端な話、ものを並べればよいので、収納テクニックはそれほど必要ないのです。

並べ方には、3つのポイントがあります。

①多種類のものは分類
②全種類がわかるように
③使いやすい位置を知る

あとは、使ったら元に戻すだけ。歯磨きや手洗いと同じ生活習慣のひとつなので、私は「片づけ」という言葉を好みません。「片をつける」ほど大変なことではないからです。

収納は工程が少ないほど家族みんなが参加でき、きれいが続きます。私が理想としているのは、「Without Thought（考えない）」。つい、思わず、体が動いてしまう収納を目指しましょう。

一目瞭然

目当てのものがひと目でわかるよう、全種類を並べて、1段配置にします。重ねていいのは同じものだけ。

位置決め

どんなものでも使用頻度には差があります。身長や利き腕で、使いやすい位置を確認し、使用頻度とマッチングさせます。

おそろい収納ズラリの危険

右／リビングのボードゲーム収納。お菓子やチーズの箱を使って、カードやダイスを入れ分けています。左／薬や衛生用品を入れた引き出し。空き瓶やプラケースに、絆創膏や爪切りなどを立てて収納。

収納ケースは、家にある空き箱や空き瓶を使います。形や大きさがマチマチでもOK。いや、むしろそのほうが好都合です。

おそろいの収納ケースで空間をびっちり埋めてしまうと、「きれいに収まっているからいいか」と手をつけづらくなります。雰囲気にのまれて、そのものに向き合えず、整理が進みづらくなるのです。その結果、不用品がいつまでも放置されることに。

人の暮らしは絶えず変化します。引き出しの中も同じで、見直しが必要。空き箱や空き瓶で、気軽に更新できるようにしましょう。

手書きラベルでアップデート

ラベルもラベルライターを使わず、手書きで書き替えやすく。紙はラベルサイズにカットしておき、ペンやテープと同じ場所に収納。中身が入れ替わったら、即対応します。

収納家具は、買わない

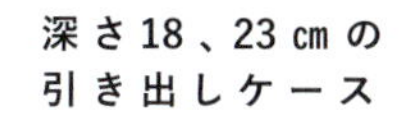

深さ18、23㎝の引き出しケース

18㎝はものが重ならず、一目瞭然。出し入れもスムーズです。23㎝は収納量が必要なオフシーズン用に。無印良品。

スチール製のブックエンド

立てて収納するもののほとんどを補えます。棚やボックスと違い、量に応じて柔軟に対応できるのが利点。無印良品。

「片づけの最中は、ものを買わないでね」。私の口癖で、お客様のお宅でアップデートを行うときの約束です。なぜなら、すでに十分持っているから。それに、P26～27の手順で整理を進めると、ものは確実に減ります。収納用品を買いに行く時間があったら、整理にこそ時間を。収納用品を増やしても、収納の問題はおそらく解決しません。

必要なのは、衣類を収める引き出しケースと本を立てるブックエンド。あるいは、靴箱や菓子箱。これらは多くの家にはすでにあるため、新たに買うものはほとんどないのです。

間にはさめば本棚いらず

向かい合わせに差し込んで、強度をアップ。数が増えても、本棚のように買い替える必要がありません。

子どもこそ片づけられる①
おもちゃ・文具編

「うちの子は片づけられない……」。片づけの現場でよく聞く言葉ですが、大丈夫、子どもは片づけられます。子どもは「好き」への執着が強く、昨日遊んでいたおもちゃも飽きたらポイするもの。手放せないのは、値段や状態を考えてしまう大人のほうです。
もちろん、片づけには上手な誘いも大事。「片づけなさい」とせかすのではなく、「今日の夕食はおいしくできたから片づけちゃおう」と、子どもに見通しを立たせて。

上／学習机は持たず、大人が仕事をするデスクで、宿題やお絵描きをします。下／天板下のキャビネットが、子どもの収納スペース。ぬいぐるみなどは寝室に。

ぬいぐるみは抱えられるだけ

おもちゃは買う前にサイズをチェックし、収納場所を確保。手放すものが出ることも話します。ぬいぐるみは自分で運べる分だけに。

［上から見渡せるように］

引き出しは、開けた瞬間にもののありかがわかるよう、配置します。
子どもの「今すぐやりたい！」に応えられる環境作りを。

3段目

ノートや参考書は、手前に使用中、奥に使用済みを。重ねる場合は、下が見えるようにします。マステやのりのストックはここに入れ、間違って使うのを防止。

1段目

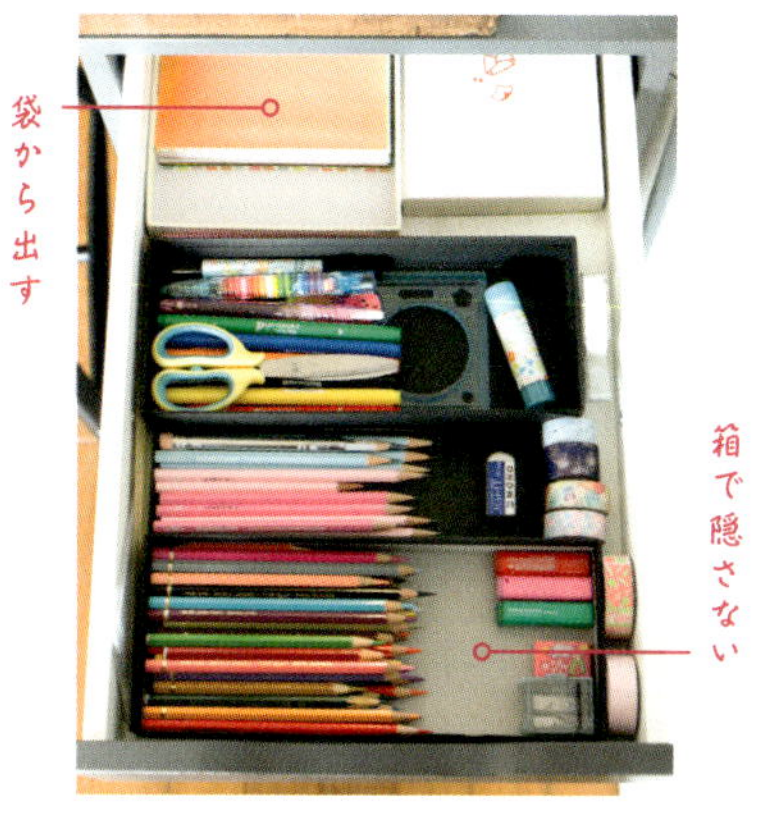

鉛筆や消しゴム、のり、マステなど、よく使うものを収納。色鉛筆や折り紙は、すぐ使えるよう箱や袋から出しておきます。鉛筆のストックは削ってスタンバイ。

4段目

重いものは下段。レゴは箱を処分し、引き出しに収まるものに。遊ぶときは開けた引き出しから出し入れします。細かなパーツはケースに入れて探さない工夫を。

2段目

けん玉、財布、シルバニアファミリーetc. こまごましたおもちゃは、空き箱で引き出しを仕切り、ごちゃまぜにならないように。管理しやすい2段目に宝物を。

子どもこそ片づけられる②
洋服編

6割収納がちょうどいい

朝のしたくが１箇所で完結するよう、クロゼットにはランドセルや教科書置き場を確保しました。

衣類収納で大事なのは、出し入れのしやすさ。自分で着替えを取り出し、上着をかける。親の手を借りず、ひとりでできることで自信がつき、親は子どもを信頼できます。
そのためにも、衣類はクロゼットの6割に。ぎっしり詰め込むと、服をきっちりたたまなければならず、取り出すときも手でよけるため、両手が必要です。でも、4割の空きがあれば片手でOK。ポイッとしまって、スッと取り出す。これなら子どもでも簡単です。

帰宅時に明日の登校準備

上着をかけたついでに、明日の準備をすませます。教科書を出して定位置に置き、時間割を見ながら、持ち物をそろえます。

[引き出しは「いつ・何」方式]

種類でまとめず、身につけるタイミングで一元化。
あちこち開ける手間がいらず、準備が一気に整います。

休日のお出かけグッズ

3段目は休日専用。お出かけ用のバッグや夏休みのリュックなど、プライベートで使うものをまとめています。土日によく行く図書カードもここ。

図書カードも一緒に

朝の身じたくセット

お泊り分持つ

名前を書いておく

靴下、インナー、ハンカチetc. 朝起きて身につけるものを収納しています。靴下やインナーは、お泊りの日数分持つのが基本。ティッシュに名前を書くペンも。

オフシーズンの洋服

引き出し幅にたたむ

オフシーズンの衣類は10割収納。入れ替えは年に一度なので、出し入れより収納量を優先します。幅に合わせてたたみ、ケースを立てて重ねていきます。

夜の身じたくセット

パジャマは2セット

入浴後に身につける下着やパジャマなど。ここから自分で取り出して、浴室に向かいます。毎日洗うパジャマは、2セット持つように。

「しまう」が面倒になる重さ大調査

出しっぱなし率高し！

私が重いと感じるものを量ってみました。いずれも700ｇオーバーで、出し入れがおっくうに。最重量は料理本で978ｇ。出番が少なくなるわけです。

あるとき、お客様から、アルバムをここ数年見ていないという話を聞きました。その理由を聞くと、「重くて出し入れが面倒！　見るのも腕が疲れて……」とのこと。ものが死蔵品や出しっぱなしになるのには、重さが関係します。

年齢にもよりますが、女性が片手でヒョイと持ち上げられる重さは700gくらいまで。だいたいパスタ7束分です。1kg入りの砂糖や小麦粉の袋は、重く感じられますよね。

例外もあり、鍋やカメラなど、あらかじめ「重い」と認識しているものは、それほど苦になりません。でも、鋳物のホーロー鍋などはキッチンでの出しっぱなし率が高いですよね？　これは、知らず知らずのうちに重さが負担になっているのかもしれません。

重たいものは、片づけのハードルを上げる。ものを買うときに「軽さ」を意識するだけで、散らかりを防ぐことができます。

片づけを刻む

右／食後の食器は、席を立ったときにテーブルからキッチンに移し、1歩進めておきます。左／バッグから取り出した中身。それぞれを戻す場所の方角に置き、そちらに向かうときに持って行きます。

メールを返すのは面倒ですが、LINEにスタンプを押すだけなら気楽ですよね。じつは、この時間感覚の差が片づけにも応用できます。

たとえば、帰宅後に取り出したバッグの中身。ハンカチは洗濯機、水筒はキッチン、手帳はデスク……と戻す場所がバラバラのため、一気に片づけようとすると、面倒でつい放置しがちです。すると、テーブルの上がごちゃごちゃに。人は、面倒と思うと、なぜか後回しにする癖があるようです。

そこで私は面倒と思わないように、片づけの作業工程を分解しています。帰宅後すぐに戻す場所別に分け、それぞれの方向に置いておきます。別の用事でその場所へ行くときに、手に取って片づける。一気では5分かかるところ、それなら1分でOK。

ちょっと手を出して、片づけを刻む。それが、「面倒な片づけ」を片づけるコツです。

つい体が動いてしまう時短キッチン

出勤前の朝食作り、帰宅後の夕食作り。平日のキッチンは、まさに時間との闘いです。

わが家も、娘の就寝時間が20時半なので、夕食の時間は遅くても19時半。帰宅からあまり時間がないため、キッチン収納は小さなストレスも見逃さず、こまめなアップデートで時短化につなげています。

たとえば、キッチンツールは、重ねずに並べて、パッと見つけやすく。鍋の出し入れは、両手を使わず、片手でササッと。朝食用の食器や食材もまとめて置いて、あちこち探さずにすむように。無意識に体が動いて気づいたらやっている、という「考えない」収納が理想です。

立ち位置から動かずに出し入れできる場所に、頻繁に使うものを。食洗機も導入し、後片づけをラクに。

[一気にそろう]

ボトルにグラノーラを入れれば、子どもでも簡単に皿へ出せます。フィルターインボトル レッド／HARIO

上／コーヒーカップやワイングラス（ヨーグルト用）など、朝食に必要な食器を背面カウンターの一角に。下／すぐ上の吊り戸棚にはパン皿を。一歩も動かずセット完了。

はちみつ、ツナ缶etc.　朝食用の食品は、ほかの食品と分けて専用引き出しに。ここを開ければ見つかるので、あちこち探す手間いらず。すぐ後ろには、朝食用食器も。

餅と小豆缶で簡単朝食

[すぐ見つかる]

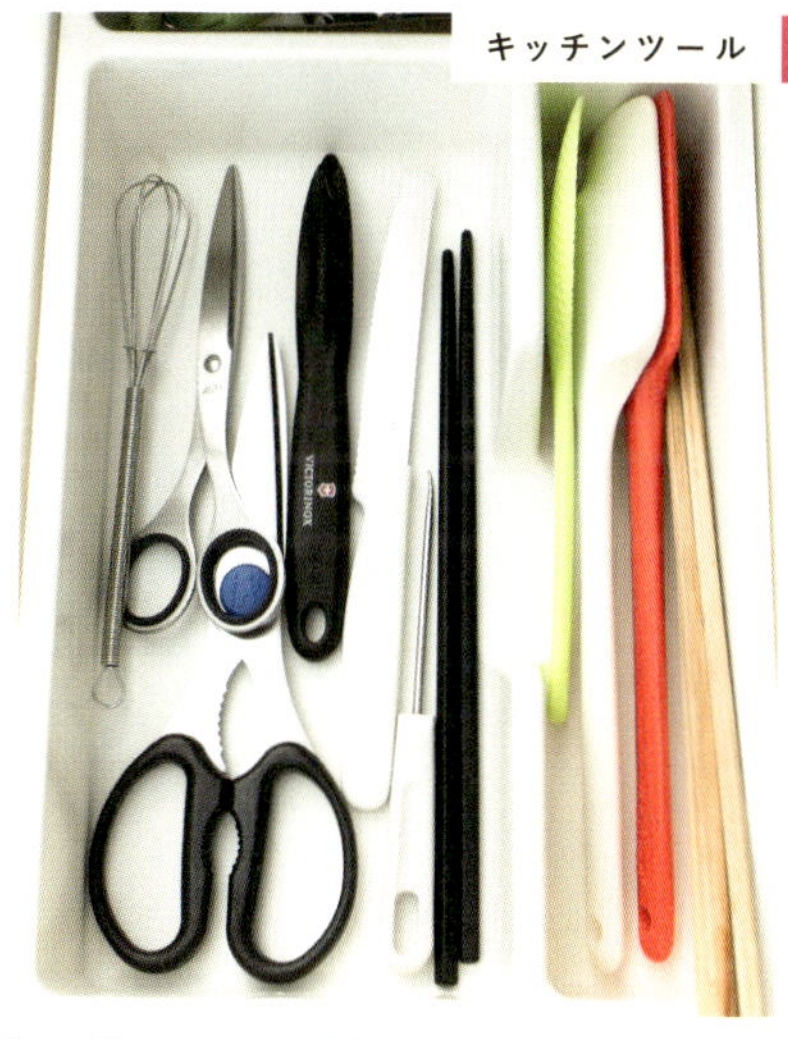

平たいもので覆わない

上／使用頻度の高いキッチンツールは、全種類を見せて迷わないように。ハンドルを手前にすると、手に取りやすく、さらに時短です。左／ものを隠してしまう大根おろしやスライサーは、別の場所に立てて収納。

[片手で出し入れ]

箱に立てる

コンロ下は、棚で高さを仕切り、床面積を拡大。重ねず、ひとつずつ並べています。余ったスペースには箱を入れ、中に立てて収納。隣に干渉せず、片手で出し入れできます。

リビングのこまごまは引き出し収納に

文具、工具、裁縫道具、書類etc.リビングで使うものは多種類に及ぶため、私は60の引き出しを備えたキャビネットを使っています。これなら1引き出しに1種類が収められ、中身が明快。

引き出しの深さは3cm弱ですが、リモコンやドライバーなど厚みのあるものもちゃんと収まります。逆に、ファイルなど薄いものでも2〜3冊しか入らないので、埋もれることがなく、すべてが使いやすい状態に。

引き出しの数が多い分、ラベリングとゾーニングは絶対です。よく使うものを見やすく、出し入れしやすい上段に集約すれば、家族も迷うことがありません。

引き出しが浅いオフィス用のキャビネット。デスクから手の届く位置には、仕事の書類や道具を収納しています。

［引き出しは、高さと使用頻度をマッチ］

立ったまま手が届く上段に、使用頻度と重要度の高いものを入れています。
しゃがむ必要がある下段には、使用頻度の低いものや子どものものを。

散らかりがちなテレビやエアコンのリモコンにも収納場所を。家族が覚えやすいよう、テレビに近い引き出しに。

急な冠婚葬祭で慌てないよう、のし袋、袱紗、筆ペンなどをまとめています。10万円分の新札も用意。

ペンやメモ帳、はさみetc.家族共有の文房具はわかりやすい最上段に。箱を使って、開け閉めで動かない工夫を。

下段には、家のちょっとした修理に使うドライバーやペンチなどを。釘やピンなどの材料は、すぐ下の引き出しに。

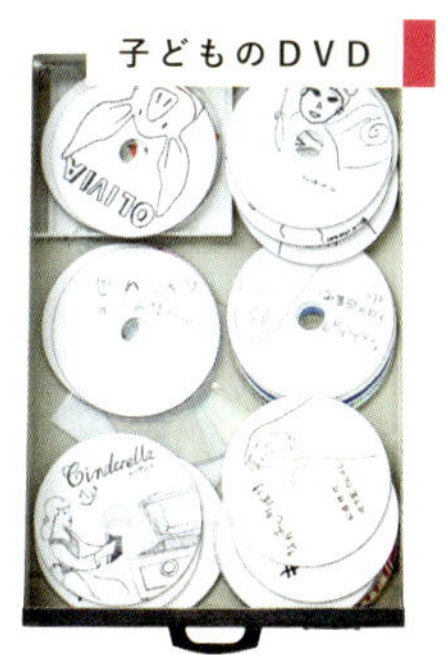

アニメ番組を録画したＤＶＤは、ケースを処分し、ディスクのみを収納。出し入れの手間がいらず、収納量がＵＰ。

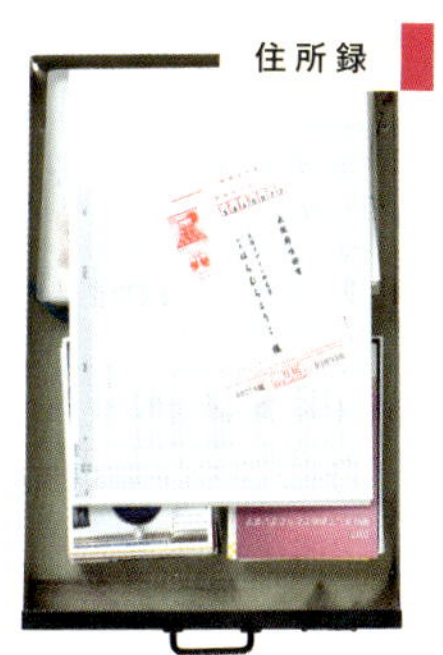

住所録と年賀状２年分、喪中はがきを一緒に。住所録は出力しておき、引っ越しはがきが届いたら、即座に変更。

［書類のファイルは2冊でOK］

書類を溜めないコツは、こまめなアップデートしかありません。そのためにも、ポケットファイルの使用は最小限に。書類がきれいに収まると、手を入れづらく、放置しがちになるからです。ポケットファイルに入れるのは6年以上（子どもの就学年数）、取っておくものだけ。わが家の場合は、家庭用と学校用の2冊。それ以外は、クリアファイルなどのホルダーに入れ、アップデートを促します。

ポケットファイル

ホルダー

6年以上

6年未満

家庭用

本当に必要な情報だけを残します。たとえば保険は、業者からもらうファイルを処分し、保険証券1枚に。連絡先と保険証券の番号は、スマホにも登録しておきます。すぐ見つけられるよう、保険、個人情報、お金の3つに分け、色つきのインデックスを。

学校用

学校だよりは取っておきがちですが、単なる情報と割り切りましょう。クラスや職員の名簿・連絡網、学校の指導方針など、在学中に継続して確認が必要なものだけをファイリング。急病時のお迎え方法や入学時の体操服の注文書なども、役立ちます。

取っておくプリントは
6年間見返すもの

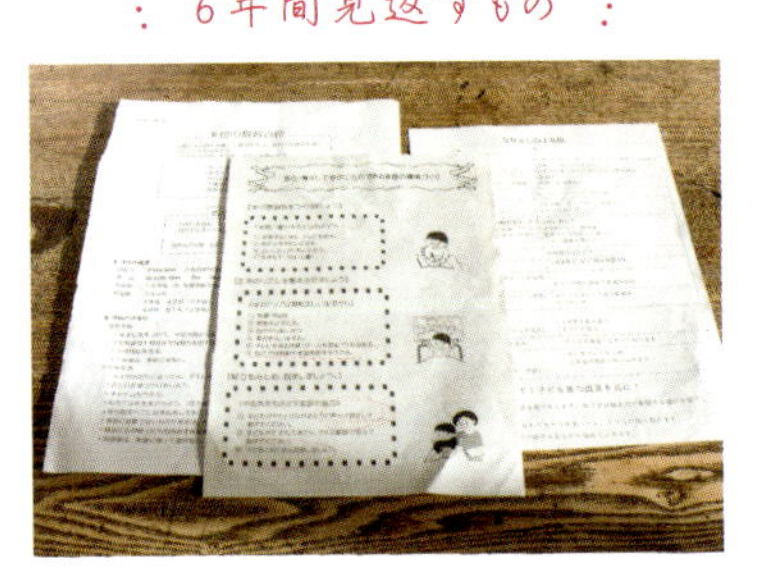

カラーシールで
ジャンル分け

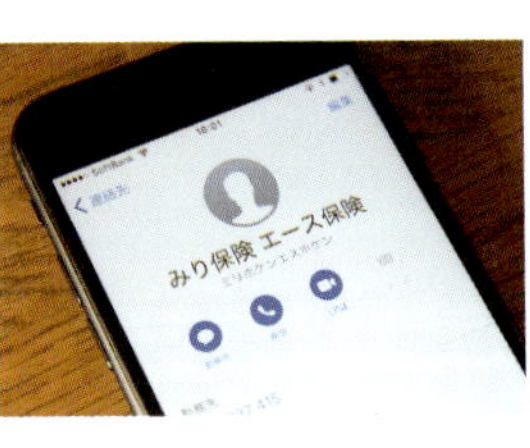

スマホに
保険番号と
☎をメモ

病気や事故など、緊急時ほど人は自分を見失いがちです。そしてこういうときこそ、収納の大切さが発揮されるもの。私は、家族の緊急事態に慌てないため、大事なものほどわかりやすい場所に収納しています。診察券、印鑑、IDやパスワード……。「もしも」の手立てをちゃんと打っておけば、「何があっても大丈夫」と今を存分に楽しめます。家族にも伝え、緊急事態にみんなで備えます。

急な病気で慌てない

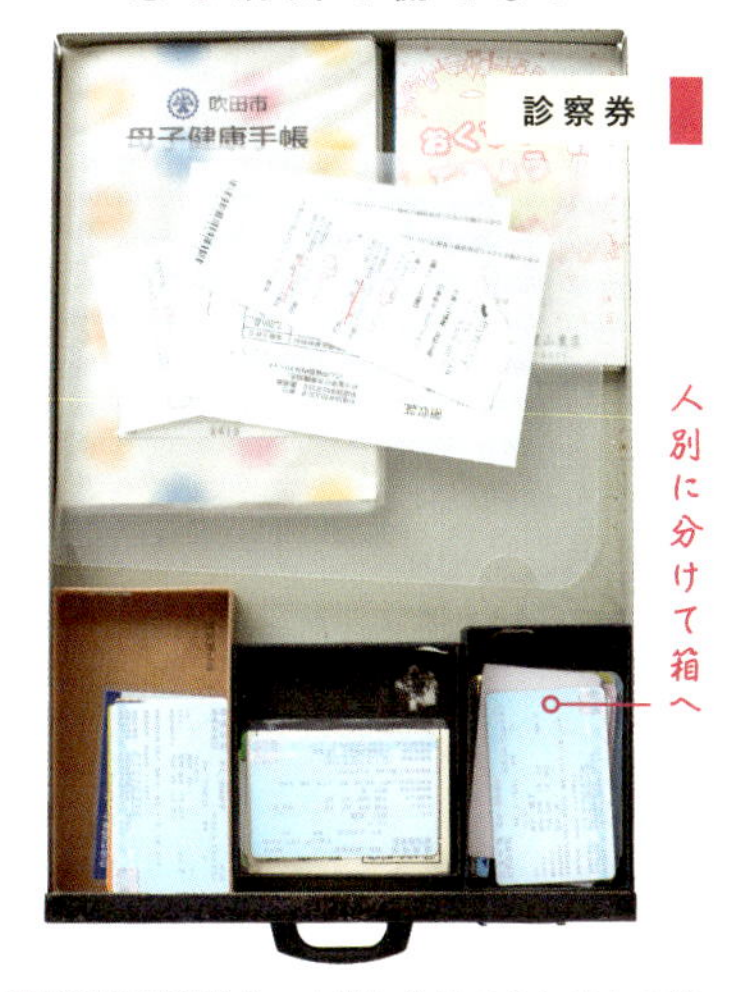

保険証や診察券は、人別に分けてそれぞれの箱へ。お薬手帳も一緒に収納しておきます。家族が覚えやすい「いちばん上」に入れ、気が動転していても、パッと持ち出せるように。

親兄弟にもわかるように

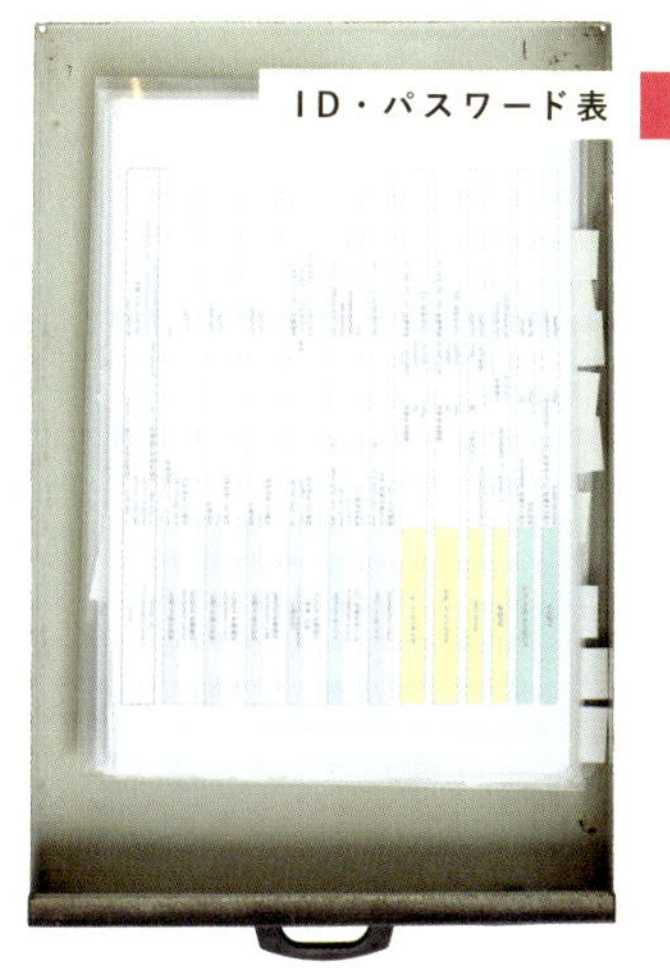

家族の銀行口座やカードの暗証番号、マイナンバーや年金番号を一覧表にし、収納場所を親族に伝えています。ファイルのアイコンをデスクトップに置いて、すぐ見つけられるように。

手続きをスムーズに

どれがどの印鑑かわかるように、紙に印鑑を押した見本を作成します。質のよい朱肉やスタンプマットがあれば、一発できれいに押せて、面倒な書類手続きもあっという間。

学校プリント、贈り物、郵便物etc.

散らかりがちなものが片づくしくみ

家に届く郵便物や突然の贈り物は、置き場所に困って放置しがち。
そうはならないよう、溜めないしくみを作ります。

手帳やクラウドを利用し、手元に残さない

学校プリント

必要事項を スケジュール帳に転記

子どもから渡されたらその場で目を通し、必要事項をスケジュール帳に書き留めます。「後で」と思わず、今すぐに。そのためにも、スケジュール帳は開いたままに。

すぐ書けるよう開いておく

⇓

スマホで撮影し、 クラウドにUP

参観日や遠足など、重要事項はスマホで写真を撮り、クラウドにUP。夫と情報を共有し、伝えモレを防ぎます。スマホは常に持ち歩くので、出先からの確認もスムーズ。

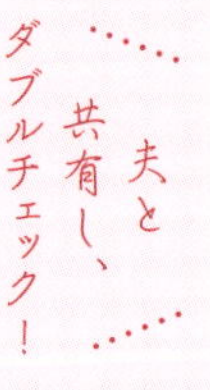

夫と共有し、ダブルチェック!

⇓

基本はゴミ箱。 保管用はファイリング

クラウドにUPしたら、プリントは処分。捨てやすいよう、デスクの脇に資源用のゴミ箱を置いています。卒業まで確認が必要な情報は、切り抜いてポケットファイルへ。

在学中に見返すものだけ

届いたらすぐ分類し、箱のまま置かない

贈り物

収納場所のない贈答品のお菓子などは、箱のままでは置きっぱなしに。届いたらすぐに中身を取り出し、種類別に分け、それぞれの場所へ。リーフレットは夫への報告も兼ねて、しばらく冷蔵庫に貼り出します。

袋やリボン
➡可燃用ゴミ箱へ

菓子箱
➡資源用ゴミ箱へ

リーフレット
➡冷蔵庫へ

お菓子
➡おやつボックスへ

中身だけ専用引き出しへ。夫婦で毎日Check!

郵便物

1

中身を取り出し、封筒は処分する

家に届いた郵便物は、手に取ったらすぐ開封を。「時間があるときに」と、テーブルやデスクに置くのは危険です。封筒は破って、資源用のゴミ箱へ。

⇐

2

中身をリビングの「DOボックス」へ

中身を確認し、返信が必要なものは、リビングの「DOボックス」へ。結婚式の招待状やマイナンバーの登録書、友人からの手紙などを入れています。

⇐

3

1日1回「DOボックス」を開けて処理

毎日1回は必ず引き出しを開け、未処理のものをチェック。夫婦の約束ごとにし、返信モレがないよう気をつけます。空っぽになるのが理想。

洗面所は収納で汚れを放置しない

毎日の入浴や身じたくで、洗面所は汚れの出やすい場所。家族はもちろん、ゲストも使用するため、手軽に清潔を保つのがポイントになります。

対策のひとつが、汚さない工夫。水けを帯びる洗面台には、できるだけものを置かないようにし、鏡や棚など壁面に収納しています。

もうひとつが、早めの手当て。掃除テープやメラミンスポンジなどの掃除道具をそばに置き、汚れに気づいたら取り除きます。

また、清潔感を出すために、見た目の工夫も。ごちゃつくものはケースに隠したり、パッケージをはがすなどし、目に入る情報量をセーブします。

洗面台にはハンドソープとメラミンスポンジだけ。ものを置かない工夫で、掃除のハードルを下げています。

[ごちゃごちゃ目隠し]

夫用

私のメイク用品、娘のヘアアクセサリー、夫の身だしなみグッズ。雑然としがちな小物類は、出しっぱなしにせずケースに入れて。半透明なら透けづらく、見た目がすっきりします。

洗面所向かいのランドリーは、清潔感を大事に。小物はケースに入れて、目にうるさくないように。

[ぬるぬる予防]

ものはできるだけ置かずに浮かすように。コップや歯ブラシは吸盤式のグッズで留め、洗面台の掃除をしやすくしています。もの自体も汚れづらく、きれいを維持。

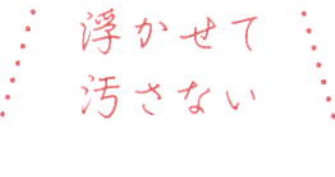

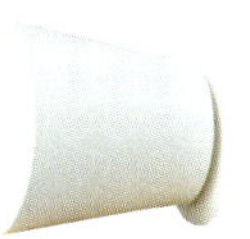

コップ受けを鏡に貼り留め、マグネットつきのコップを着脱。自由に場所を選べます。マグネットコップ ホワイト／三栄水栓製作所

[いつでも掃除]

ゴミや汚れに気づいたらすぐ取り除けるよう、掃除道具を身近に。上／足下に掃除テープを用意すれば、床のゴミを素早くキャッチできます。下／洗面台にはメラミンスポンジを常備。白なら出しっぱなしでも違和感がありません。

靴収納は人別がわかりやすい

私
夫
娘
ストック品

わが家の靴収納は4面あり、3面を夫、私、娘、残りをストック品の収納に充てています。

靴は扉ごと（または棚ごと）に人で分けるといいでしょう。家族が自分のスペースと認識し、自発的に管理できるようになります。収納で気をつけたいのは配置で、よく履く靴はつい手が出る場所に。ムリせず届く高さで、利き腕側ならベストです。

家族の身長に応じて、収納場所を決めます。歩幅の広い夫は奥側、子どもは廊下から手が届く下段。

私

よく履く靴を下から1~2段目の右側に。上に上がるほど使用頻度が下がります。扉裏には、手袋や日傘など、外出アイテムの収納も。鍵や印鑑もフックに吊るして。

カチューシャ

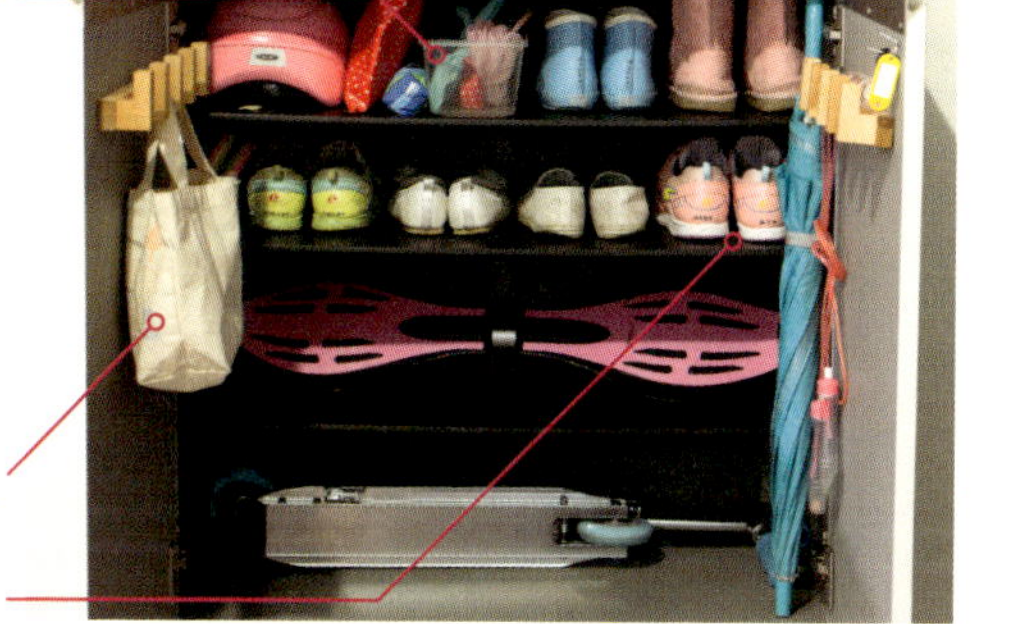

公園に持ち運ぶもの

サイズ大きめの予備靴

娘

靴以外にも、遊び道具や傘など、外で使うものを収納。靴は6足で、学校用2、プライベート用3、雨用1。カチューシャも常備し、奥まで取りに入らずにすむように。

手袋をしまう箱

シューケア用品

右側によく履く靴

夫

下2段がよく履く靴で、利き腕の右側に寄せています。上段にはサッカーシューズなど、使用機会が限られるものを。箱は手袋入れで、使わない春~秋の間はここに。

Column

写真を「楽しむ」整理術

写真整理にアルバムは必要ない！

写真は幸せな思い出を見て楽しむツール。保存の目的は、取っておくことではありません。もし、子どもの写真が千枚あったら、気軽に見て楽しめるでしょうか？　楽しめないとしたら、見て楽しめる枚数を残し、それ以外は処分してOK。大量の写真を「整理しなきゃ」と、自分を苦しめるのはやめましょう。

プリント写真

引き出し2つに保管し、ときどき楽しむ

プリント写真は、引き出し2つに保管。ときどき見返し、思い出話に花を咲かせます。見ているうちに「これはもういいね」と整理の機会にも。

⇓

いっぱいになったらスマホで撮影し、処分

引き出しに収まりきらなくなったら、見直す機会を設けます。処分するものは白紙の上に置いてスマホで撮影し、クラウドにUP。紙に包んでゴミ箱へ。

写真データ

撮影当日に1～2枚選び、削除

スマホで撮った写真の整理は当日中に行います。すき間時間などを利用し、1～2枚をセレクト。「親に見せる」など目的があると、整理が進みます。

⇓

クラウドにUPして家族で共有

写真をクラウドにUPします。アプリ「家族アルバム みてね」は、招待した人に通知がいき、自由に見られます。直接送るより負担感が少なくて◎。

アルバムアプリを活用

Part 2

やり過ぎを手放してラクに
毎日の家事

家事の主導権を握る

私にとって家事は、苦手というよりイヤなもの。たとえば掃除は朝晩行っていますが、ひとり暮らしだったら、おそらくほとんどしないでしょう。

そんな私ですから、家事の目的はズバリ「やること」にあります。やらなければならないから、やる。サッサと終わらせ、一刻も早く「やらなければならない」状態から自分を解放したい。夏休みの宿題と同じです。

そのために、できる限り、ルーティンワークのハードルを下げています。やらなくてもいいことはしない、代替手段があるなら頼る、食洗機・乾燥機大歓迎！　それらを積極的に取り入れ、「これくらいだったらやれる」という、自分なりの限界点を見つけます。私は、洗濯干しに10分かかるのは面倒に思いますが、5分（実際には8分）なら大丈夫。そして5分で終わる！　と思うことで、家事に立ち向かう覚悟が決まります。

家事に振り回されてイヤイヤやるのではなく、私が家事を仕切ってサッサとやる。家事の主導権を握ることで、イヤだった家事の時間が、少し好きなものに変わります。

まずは自分の家事時間をCheck!

世の中には、素敵暮らしの情報が溢れています。手の込んだ料理、ビシッとたたんだ衣類……。でも、これ以上作業の工程を増やし、自分を苦しめる必要はありません。家事に育児にと、もう十分頑張っているのですから。「子どもに手料理を食べさせなければならない」とハードルを上げ、調理に時間がかかって「早く食べなさい」と苛立つことのないように、お弁当を頼んでもいいのです。大事なのは、あなた自身が笑顔でいること。
ある番組によると、家事の平均は3時間35分。私はそれより少なめですが、もっと減らしたいと考えています。家事時間を見直し、やり過ぎないためのしくみを作りましょう。

［ はらむらようこの家事の時間割 ］

1日で家事をしている時間はどれくらいあるでしょうか？
それぞれにかかる時間を書き出すことで「やり過ぎ」が見えてきます。

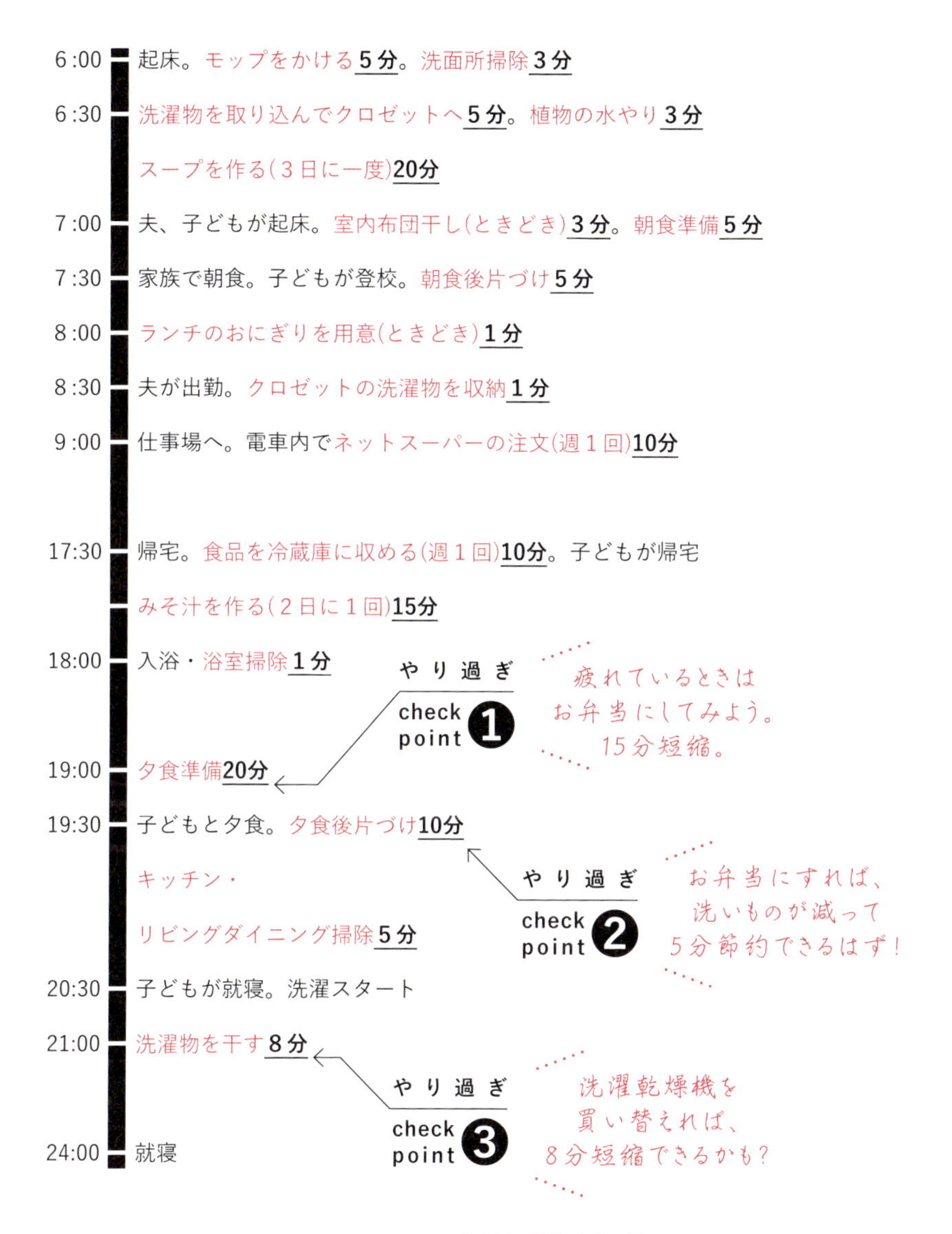

Total家事時間　2時間10分

⇩

家事のやり過ぎを手放す8つの方法

家事をやり過ぎないために、
私が実践していることをご紹介。
やらない、「いちいち」をやめる、
迷わない、放置する……。
作業の工程を減らせば、
家事のハードルが下がり、
できなかったことも
ラクにこなせます。

やらない

自戒を込めていいますが、日本人は過度に飽食で清潔好き。もう十分に食べ、十分にきれいなので、調理と洗濯には手をかけなくてもよいと考えています。豪華な夕食、毎回の洗濯、調味料や洗剤の詰め替え……。「やらなくてすむ」ことは手放し、作業を簡素化。

迷わない

家事も収納も私のスローガンはWithout Thought(考えない)。思わずやってしまう方法が、ラクで長続きします。そのため、迷ったり悩んだりしないよう、家事の道具は1種類1サイズに絞り、材料はそろえておく。すると、すぐ取りかかれます。

「いちいち」をやめる

調理には、準備や後片づけがモレなくついてきます。そのつど作らず、まとめて作り置けば、準備や後片づけは1回でOK。朝食のスープや夕食のみそ汁、食材の下処理などは、時間があるときにまとめてこなし、毎日の調理工程をカットしています。

面倒でない

苦手な掃除を毎日続けられる秘訣は、面倒でないこと。私の場合はこれに限ります。ものはできるだけ床や棚に置かず、壁面収納に。掃除道具やゴミ箱も使うそばに置いています。「どかさなきゃ」「取りに行かなきゃ」と思わないことで、家事のやる気を奮い立たせます。

夫に任せる

収納や家事のしくみを作り、家事が整ったら、夫の家事参加が増えました。私自身がやりやすいと感じ、家族に頼みやすくなったというのも一因です。今では、料理やパン作りをはじめ、トイレや換気扇掃除、娘のヘアセットまでこなしています。

放置家事

衣類の浸け置き洗いや煮物の余熱調理……。家事の中には、手をかけなくても時間が解決してくれるものがあります。労せずして家事の成果が得られるのは、ラクをしたい私にぴったり！　これらを積極的に取り入れ、家事を簡単にしています。

自分をだます

面倒な家事をそう思わないよう、時間感覚や視覚情報をうまく活用しています。８分かかるところを５分といい聞かせたり、同じ量でもすっきりと見せたり。要は、「それだったらやれるな」と自分をだませればＯＫ。やさしい嘘をついて、毎日自分を励ましています。

やれるときにやる

私は生理の影響で、１ヵ月の体調や気分、食欲の変化が顕著です。それらをつぶさに観察→記録すると、調子の波が見えてきます。面倒な家事は、調子が悪いときに取り組んでも気分がのらず非効率的なので、調子のいいときに積極的にこなすようにしています。

[夕食に手をかけない]

サラダ代わり
常にストック
まとめ炊き
作り置き
ルクエでレンジン

忙しい平日のおかずは、「これくらいなら作れるな」と思える品数に。私の場合は1品ですが、そう割り切ることで、ラクになりました。一汁三菜に囚われて、自分を苦しめることはないのです。

私が作るのは、ルクエを使ったレンジ調理やパパッとできる炒め物。あとは、常備している納豆と豆腐、まとめて作るみそ汁。調理時間や後片づけが短時間ですみ、子どもの早寝早起きを実現できます。

納豆と豆腐は優秀ファストフード

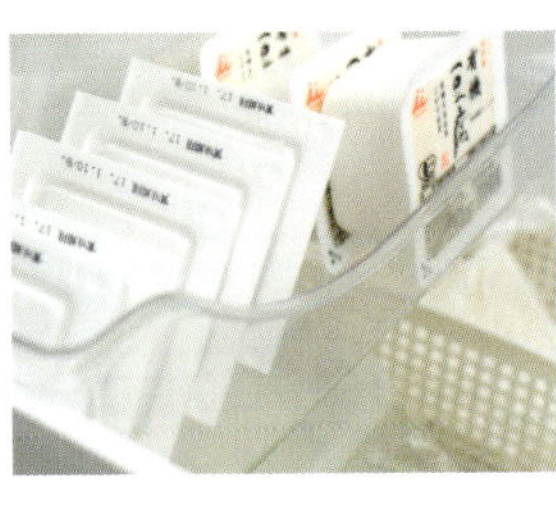

わが家のタンパク源は納豆と豆腐。無調理で食べられるので、器に移すだけ。時短な上、子どもが準備を手伝えます。

食後も!

結露なしコップで拭かない

夏に活躍する、結露しづらいコップやタンブラー。濡らさないので拭かずにすみ、コースターも不要。

［洗い物を出さない］

洗い物でやっかいなのが、まな板やフライパン。大きな上に、シンクを占拠すると、ほかのものまで洗う気が失せてしまいます。

　とくにまな板は、においや色がつくと洗うのが面倒。そのため、肉や魚はトレイの上で、キムチはケースの中でカットします。フライパンも、朝の忙しいときは使わず、トースターで代用しています。

まな板

キムチは ケースの中で

鶏肉は トレイの上で

使用時は……

2枚重ねて小だけ洗う

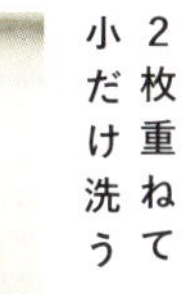

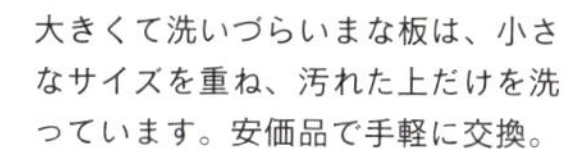

大きくて洗いづらいまな板は、小さなサイズを重ね、汚れた上だけを洗っています。安価品で手軽に交換。

フライパン

朝食のウインナーは トースターで

［詰め替えない］

砂糖や塩などの消耗品は、いちいち詰め替えずにすむよう、1袋入るサイズの容器を用意しています。ものによって売っている容量が異なるので、容器のサイズはマチマチ。ちなみに写真は、奥が砂糖で手前が片栗粉。丸ごと入れれば、詰め残しが出ず、その分の収納場所も必要ありません。

　砂糖も片栗粉もネットスーパーですぐ手に入るので、ストックはなし。とっても身軽です。

750gすっぽり！

[洗わない]

服は洗うたびにダメージを受け、色落ちや型崩れの原因になります。大好きな服の寿命を縮めてしまうので、毎回は洗いません。しばらく吊るし、湿気を飛ばすくらいです。

洗うタイミングは食べ物と同じで、においや感触に違和感を覚えたら。それで、不都合はありません。

[たたまない]

下着や部屋着など、またすぐ着るものをたたむのは、面倒ですよね。しかもその多くは、シワになりづらい素材。たたみ待ちを作るより、たたまないと決めて、サッサと引き出しの中へ。指でつまんでポイポイ放り込むのを、私はソーメンスタイルと呼んでいます。

[しまわない]

洗濯物の片づけは、一気にすませようとすると面倒で、ソファに放置しがち。そこで私は「片づけを刻む」(P41)方法を採用。作業の工程を分解し、一歩ずつ前進するのです。取り込んだら人別に分け、クロゼットに運び、それぞれの場所に置くだけ。引き出しにしまうのは、各自の役目に。

それぞれのゾーンにポイ!

娘

夫

私

ベッドメイクがいらない　寝室作り

寝室は寝る場所と割り切り、リフォームで部屋いっぱいに寝台を作りました。上にマットレスを置いて、家族3人で寝ています。側面が見えないので、面倒なベッドメイクが不要。すき間やベッド下の掃除も手放せます。

また、その場で布団が干せるよう、壁に着脱式の物干しを。布団を運ばずにすみます。

寝台下は収納庫

寝台の下に、季節の家電やレジャー用品、思い出の品をしまっています。写真のように床板をめくって出し入れ。

［室内布団干しのしかた］

1 物干しをセットし、上掛けをかける

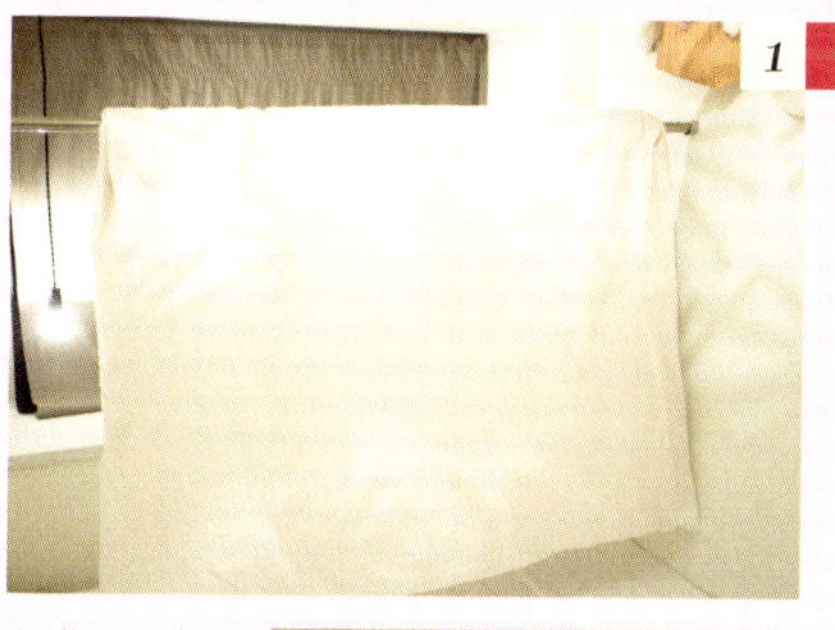

壁の竿受け金具に、物干しポールをセット。上掛けをかけ、窓を開け放します。物干しポールはマットレスと壁のすき間に収納。

⇐

2 壁にマットレスを立てかける

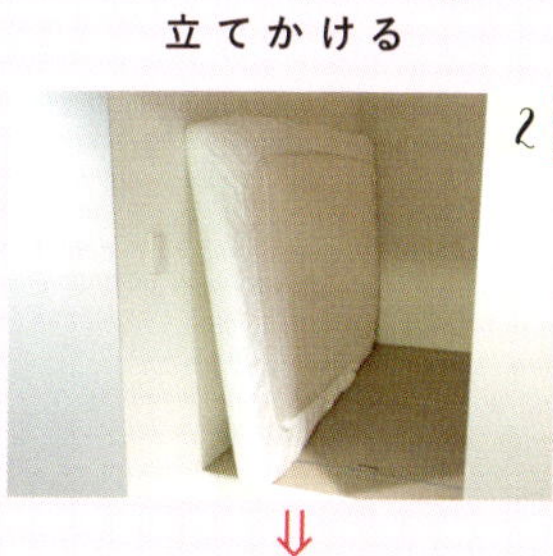

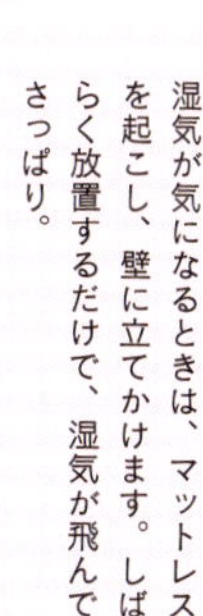

湿気が気になるときは、マットレスを起こし、壁に立てかけます。しばらく放置するだけで、湿気が飛んでさっぱり。

⇓

3 カーテンに消臭スプレーをひと吹き

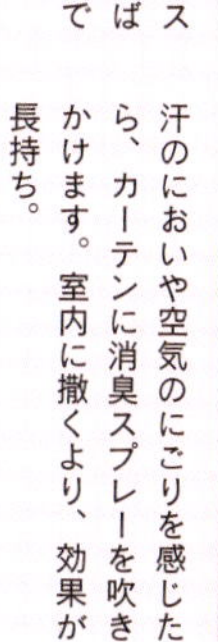

汗のにおいや空気のにごりを感じたら、カーテンに消臭スプレーを吹きかけます。室内に撒くより、効果が長持ち。

時間をかけない買い物術

買い物は、行く前の在庫確認や帰宅後の収納など、時間がかかるもの。
買い物のしかたをちょっと変えるだけで、自分の時間が増やせます。

メインはネットスーパー

スーパーに行って買う時間が惜しいので、週に1回ネットスーパーを利用しています。注文するのは、仕事場に向かう電車の中。あえて時間を確保する必要がなく、「スーパーに寄って帰らなきゃ」と焦る気持ちも手放せます。

コメント欄にリクエストを

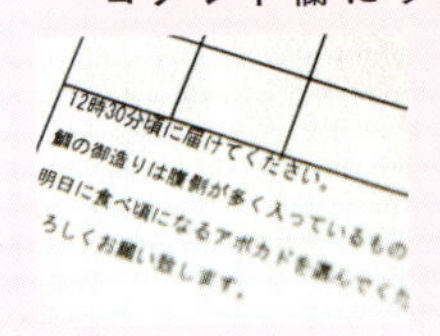

「刺身は腹側」「アボカドは熟れ頃」など、注文書の備考欄にメモ。プロの目利きを頼りにし、自分の好みを手に入れます。

いちいち在庫を調べない

冷蔵庫の扉に、DO・BUYリストを貼っています。DOはやることで、BUYは買うもの。調理の途中で使い切ってしまったら、すかさずメモ。お店に行くときはスマホのカメラでパシャリ。あちこち開けて「あったっけ？」と確認する手間がいりません。

買うものを決めておく

100円ショップに行くと、ついあちこち見て時間を取られがちです。そこで私は、買うものをリスト化。ゴム手袋、ビニール袋、あく取りシート……。スマホのメモを見ながら効率よく売り場を回り、寄り道をしないようにしています。

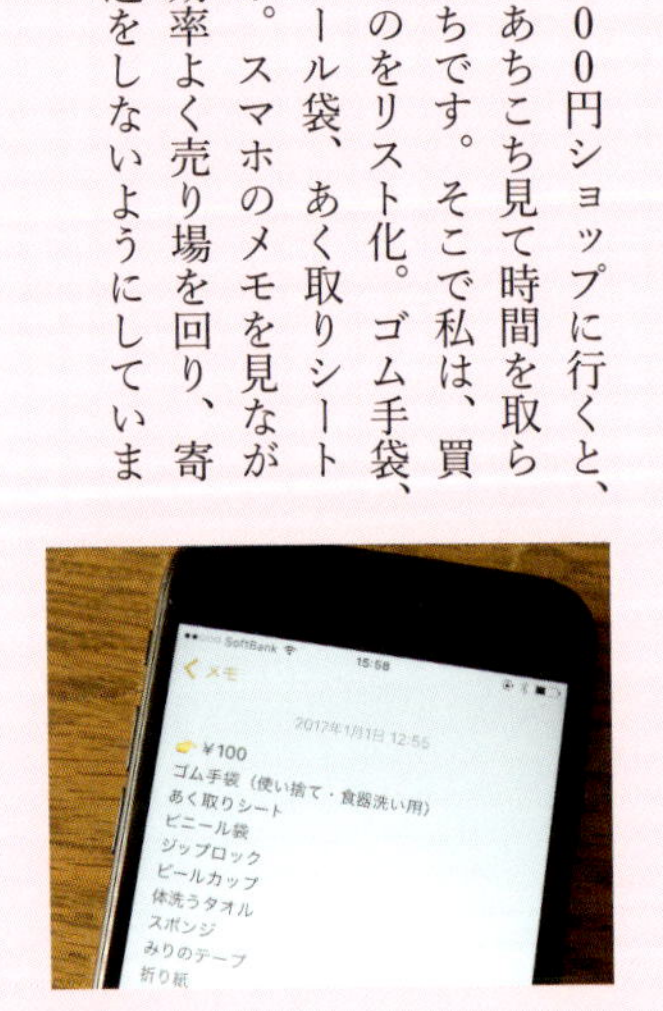

しまう場所別に袋詰め

スーパーに行ったときは、レジで袋を3枚もらい、会計がすむまでに袋詰めを終わらせます。3枚は、冷蔵室、野菜室、冷凍庫用。重さや形状ではなく、冷蔵庫の場所別に詰めていきます。すると、帰宅後の収納がスムーズで、冷蔵庫の扉を開ける回数も少なくてすみます。

家に持ち帰らない

服のタグ、ストッキングの台紙、包装紙、紙袋……。これらはすべてお店で取り外し、処分してもらいます。服だけ家に持ち帰れば、帰宅後はクロゼットにしまえば完了。ゴミ処理の手間がかかりません。「家に帰ってからやろう」と思わず、その場で仕事を終わらせて「あと」をラクに。

家計簿はつけない

光熱費や飲食費など生活費の支払いは、クレジットカード払いに。明細書を見れば、ひと月の収支がわかるようにしています。月々の目標貯蓄額から生活費の上限を割り出し、それを超えていなければOKに。減らすばかりでなく、意味のある使い方をします。

予算オーバーのみCheck!

変動しやすい通信費は欠かさずチェックし、翌月の使い方を考えます。突然の出費や大きな買い物からは、暮らしの変化が見えてきます。

迷わない

［1種類にする］

ハンガー、洗濯ネット、保存容器……。種類やサイズがたくさんあるものは、あえて1種類しか持ちません。いろいろあると、用途に応じて選り分けなければならないからです。暮らしの道具にいちいち頭を悩ましていては、ほかのもっと大事なこと（子どもとの時間や自分のリラックスタイム）に時間を割けず、今を楽しめません。収納の面でもコンパクトに収まり、洗濯ネットやハンガーは絡まずにすむ。家事のストレスを軽減できます。

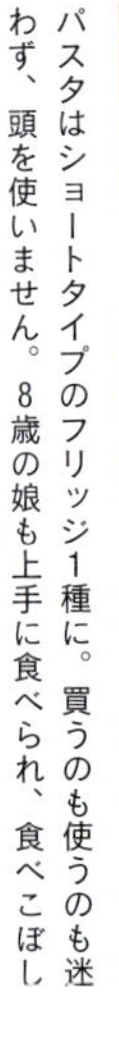

ショートパスタは子どもも食べやすい

パスタはショートタイプのフリッジ1種に。買うのも使うのも迷わず、頭を使いません。8歳の娘も上手に食べられ、食べこぼしの心配を手放せるので、楽しい食事に。

[いつでもOK]

平日の洗濯は夜行うため、干すのは室内。室内干しは雨でも干せるので、翌日の天気を心配する必要がありません。何も考えずタッタカ干すだけ。これなら、疲れていてもなんとかこなせます。

また、外出中に雨を気にしたり、取り込むために慌てて帰宅しなくてもOK。時間や天気を選ばないだけで、家事はラクになります。

日が当たる窓辺に、収納できる物干しワイヤーを設置。使用時にワイヤーを引き出せばOK。室内物干しワイヤー pid 4M／森田アルミ工業

テーブル下に物干しを

物干しスタンドと角形ハンガーは、使う状態で待機。運んで組み立てる手間をカット。

[スタンバイ済み]

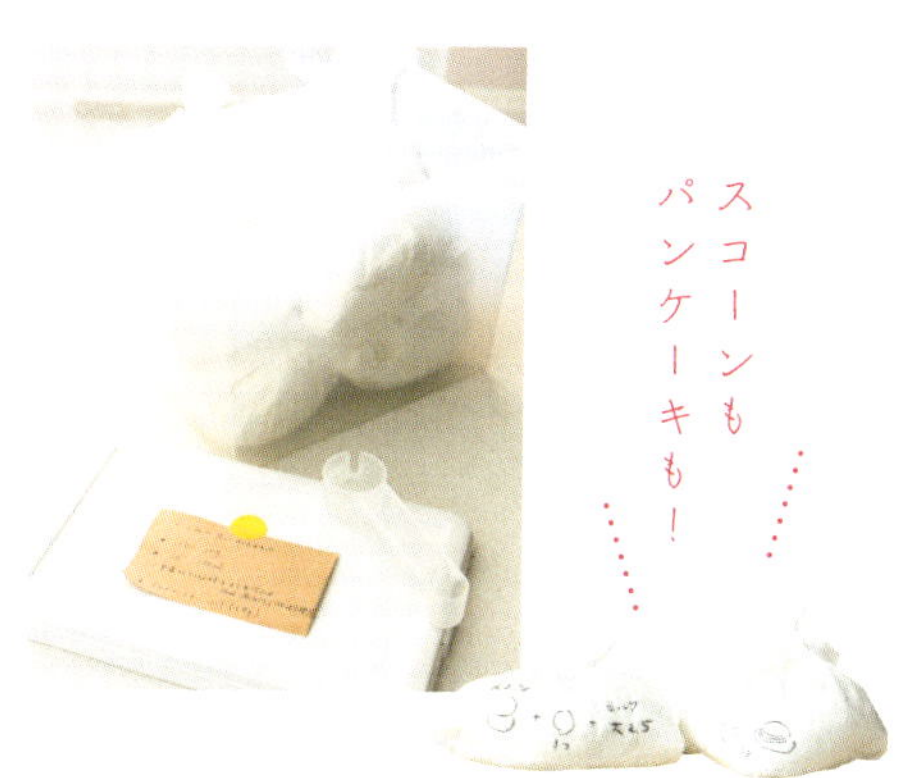

朝食用のパンは、粉、レシピ、道具をひとつのケースにまとめています。週末に楽しむスコーンやパンケーキも、時間があるときに1回分の粉を計って袋詰めに。

「さぁ作ろう」と思ったときに、分量を調べて道具をそろえるのは面倒ですが、すでにセットしてあれば、あとは手を動かすだけ。「これなら簡単!」と作るハードルが下がり、すぐに取りかかれます。

面倒でない

[ソファとラグはなし]

私の1日は、床のモップがけから始まります。モップがかけやすいように、ラグやカーペットはなしに。また、どけるのが面倒な大きなソファは持たず、ひとりがけのビーズクッションを置いています。これなら、ラクに動かせ、ほこりを放置せずにすみます。面倒を持ち込まない工夫で、掃除のハードルを下げています。

クッションでヌクヌク対策
寒いときは、クッションに足を乗せて、ブランケットにくるまります。子どもが走り回る年齢でなければ、これで十分。

[あちこち大作戦]

掃除テープとゴミ箱を家のあちこちに置いています。掃除テープはトイレやクロゼット、ゴミ箱はデスクやダイニング……。わざわざ取りに行くのは面倒ですが、近くにあれば、汚れに気づいたときにすぐ対処できます。ちなみに掃除テープは購入時にカバーをお店で処分し、むき出しのまま収納。着脱の面倒も手放しています。

［吊るしてどけない］

壁面収納が便利で、吊るせるものはすべて吊るしています。とくに浴室やキッチンなどの水回りは、濡れたものを置くとカビやヌメリの原因になりがち。フックやピンチを使って、空中に浮かせています。また、ものが置いていないと、どける手間がいらないので、拭き掃除のハードルがダウン。拭き掃除の習慣が身につきます。

キッチン

浴室

［まる見えですぐできる］

浴室の排水溝は、隠すとかえって汚れが溜まるので、あえてカバーを取り外しています。見えていれば、汚れに気づきやすく、放置しづらくなります。毎日、入浴時にメラミンスポンジでキュキュッと磨き、溜まった髪の毛をポケットティッシュにくるんでポイ。ついで掃除なので、負担感がありません。

ティッシュもむき出しに

街でもらったポケットティッシュは、カバーを外して洗面所の棚に。髪の毛処理に役立てます。

大掃除いらずのちょこまか掃除術

掃除は少しずつ、毎日行うことで、大掃除を手放します。
1日の家事の流れに組み込んで、歯磨きのように習慣化を。

［入浴時の風呂掃除］

バスタブや鏡を磨く

メラミンスポンジで、バスタブの縁や鏡など、水垢が気になる箇所をササッと磨きます。メラミンスポンジはピンチにはさみ、浴室の壁に吊るして収納。

⇓

壁の水気を切る

スクイージーを使って、壁や天井の水滴を落とします。手に取りやすいタオルバーに引っかけておけば、使いやすく後始末もラク。

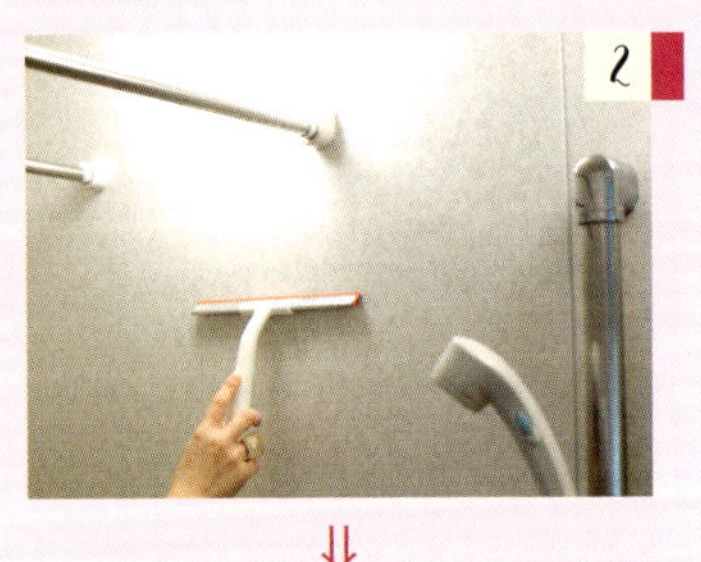

⇓

髪の毛をつまみ取る

脱衣所で体を拭いたら、棚に置いたティッシュを手にして浴室へ。排水溝の髪の毛を取り、ゴミ箱に処分します。

［調理時のキッチン掃除］

コンロ使用中に水拭き

水に濡らしたふきんを脇に置き、手があいたらちょこちょこ拭き。ガンコな油汚れも、ついてすぐなら水拭きで落とせます。ふきんはマイクロファイバー。

新品をおろすときにフード掃除

キッチンペーパーを取り替えるときに、レンジフードを掃除する習慣に。弱アルカリ性洗剤をスプレーし、最初の１～２枚を使って、汚れをこすり取ります。

［夜の5分掃除］

キッチンの床を拭く

床をジグザグに進み、飛び散った水ハネや油をぬぐい取ります。使い捨てられるキッチンペーパーで、気楽に掃除を。

⇓

調理台やキャビネットを拭く

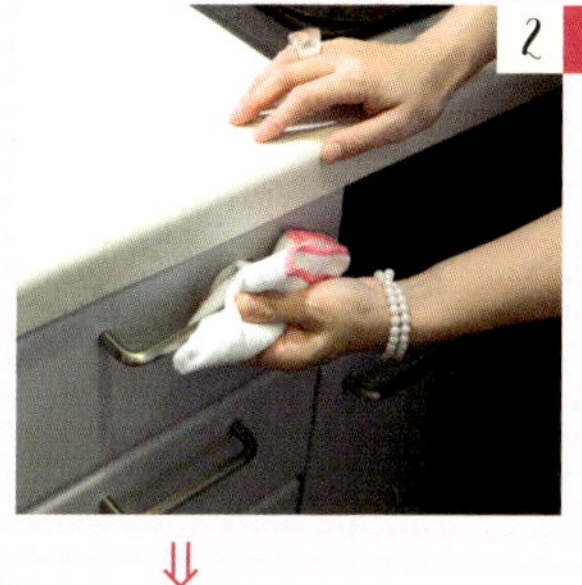

水に濡らしたマイクロファイバーふきんで、シンクやコンロ周りをひと拭きします。汚れやすいキャビネットの取っ手も忘れずに。

⇓

椅子やテーブルを拭く

ダイニングに移動し、家具を拭きます。ほこりがつきやすい椅子の背や脚もしっかりと。拭き終えたら洗濯機に入れて、洗濯スタート。

⇓

テレビや照明のほこりを取る

テレビや照明、パソコンなど、おもに電化製品のほこりを取ります。毛ばたきで、ほこりを吸着させるようにひとなでで。

［朝の5分掃除］

床をモップがけする

夜中に舞い降りたほこりを、モップでそっと拭き取ります。モップは家の奥からかけ始め、洗面所、キッチンを経由し、リビングの窓辺が終着点。

モップのゴミは掃除テープで

集めたゴミは、掃除テープで吸着します。わざわざ掃除機を持ち出さず、身近にあるもので処理すればラク。

⇓

布物のほこりを取る

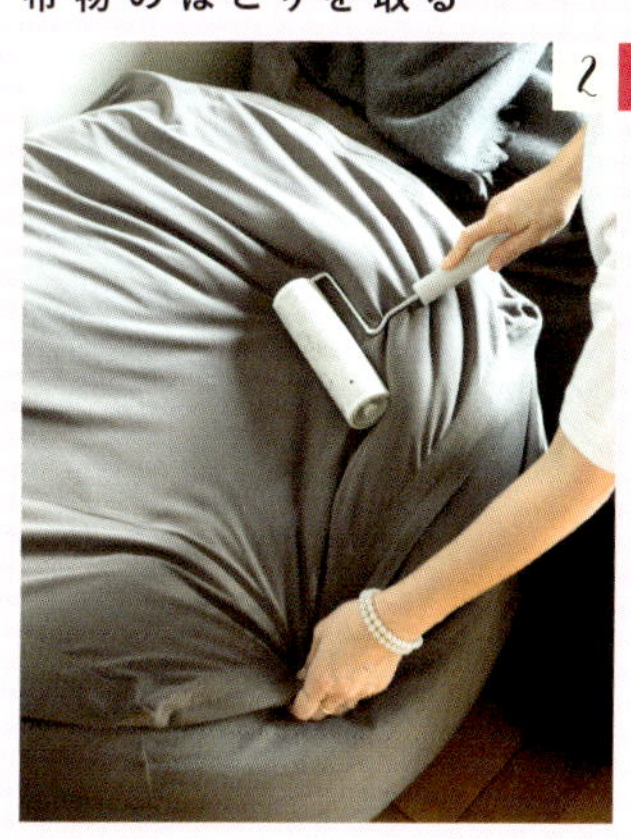

掃除テープをクッションやブランケットに転がし、ほこりを取ります。片手でシワを伸ばしながら取るときれいに。毛羽を取ることで、ほこりの予防にも。

リビングに掃除テープを

リビングにファイルボックスを置いて、掃除道具入れに。掃除テープのほか、毛ばたきも収納しています。隣はゴミ箱。

「いちいち」をやめる

［作業をまとめる］

ご飯は5合

炊飯は5合、朝食のスープは3日分、夕食のみそ汁は2日分まとめて作ります。2、3日目には、具やだしをプラス。作る量は増えますが、調理の工程は変わらないため、そのつど作るより効率的。使う道具も同じなので、洗い物が減らせます。炊飯は、当日分を残し、おにぎりと保存容器で冷凍。「ご飯炊かなきゃ」と焦る気持ちを手放せます。

鍋洗いも減らせます！

スープは3日分

野菜たっぷりのコンソメスープなら、豆乳やトマト缶との相性も◎。

みそ汁は2日分

＋

水を注いで粉末出汁を加え、常備品の豆腐と冷凍刻みわかめを入れるだけ。

［一気に仕込む］

生活のリズムを守るため、夕食の時間を決めています。仕事で遅くなった日は、調理時間が取れないので、効率化は必須。しょうがのすりおろしやわかめの塩抜きなど、手間のかかる下処理は、時間があるときにすませておきます。野菜や油揚げも、よく使うサイズにカット。切らずに放り込むだけなので、洗い物も減らせます。

みそ汁の具

戻す

みそ汁に使う油揚げ、きのこ、長ねぎは、食べやすい大きさにカット。塩蔵わかめも戻しておきます。あとは、鍋に入れて火を通すだけ。

薬味

すりおろす

にんにくはスライス、しょうがはすりおろします。パスタや炒め物に。

［手袋フル活用］

手も道具のひとつ。魚や肉を調理するときは、使い捨てのポリ手袋を着用し、いちいち洗うのを手放します。手がきれいだと、並行作業が可能になり、調理のスピードがUP。使用後は中に出たゴミを入れて裏返し、ゴミ袋として活用します。

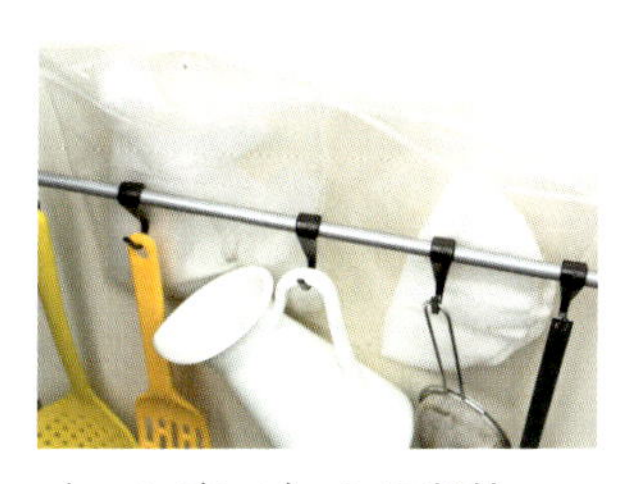

ゴールデンゾーンに収納

手袋は、手に取りやすいコンロ下の扉裏に。保存袋を釘で留め、上からアクセスできるようにしています。

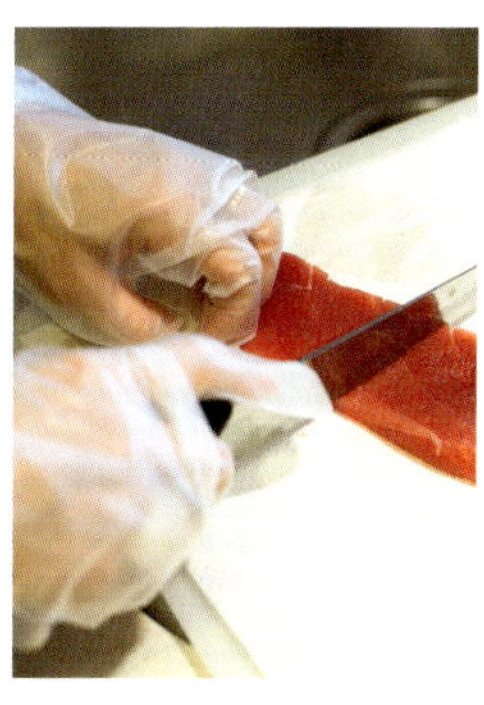

夫に任せる

[家電選びは夫目線で]

最近わが家にやってきたダイソンの最新型掃除機。自分で選んだ夫は、「新機能を試してみたい」と、以前より掃除に積極的に。夫のもの好きを生かし、家事家電を買うときは、私が最終2案に絞って夫にバトンタッチ。夫が決めることで、自然と家事参加につながっています。

アイロンもカッコいいものを

クラシカルなデザイン。プレスもラク。DBK スチーム&ドライアイロン THE ACADEMIC J80T／日本ゼネラル・アプライアンス

[洗濯干しは夫婦一緒に]

家庭は、家族が協力して暮らす共同体。根っこにはその思いがあるので、家事も2人でシェアしています。洗濯物は、休日や、夫が早く帰宅したときは、必ず一緒に干すように。

[トイレ掃除は夫にお願い]

「トイレがきれいだと気持ちがいいね！」。私は夫に家事を頼むとき、自分の気持ちを伝えます。すると、いつの間にか、進んでやってくれるように。任せたあとは、ダメ出しせずに見守ります。

[食品ストックは夫基準]

夫がはじめて家族にふるまった料理は、写真のイタリアンピラフ。娘がペロリとたいらげて以来、料理に興味を持つようになりました。とても助かる上に、夫の好みを発見できるのは新鮮！

夫の「作りたい」という気持ちを大事にし、食品ストックは好物のイタリアン食材が中心。ベランダではハーブも育てています。

これきっかけで料理参加

[炊飯は炊き方案内つき]

わが家はまとめ炊き派で、冷凍庫のご飯が切れたときに炊飯。気づいたらすぐ炊けるよう、米びつに、米と水の分量、浸水時間を書いたメモを貼っています。これを見れば、いちいち調べなくてもセット完了。水加減に悩むことなく、おいしく炊けます。すると、成功が自信につながり、私は信頼を寄せて任せられます。

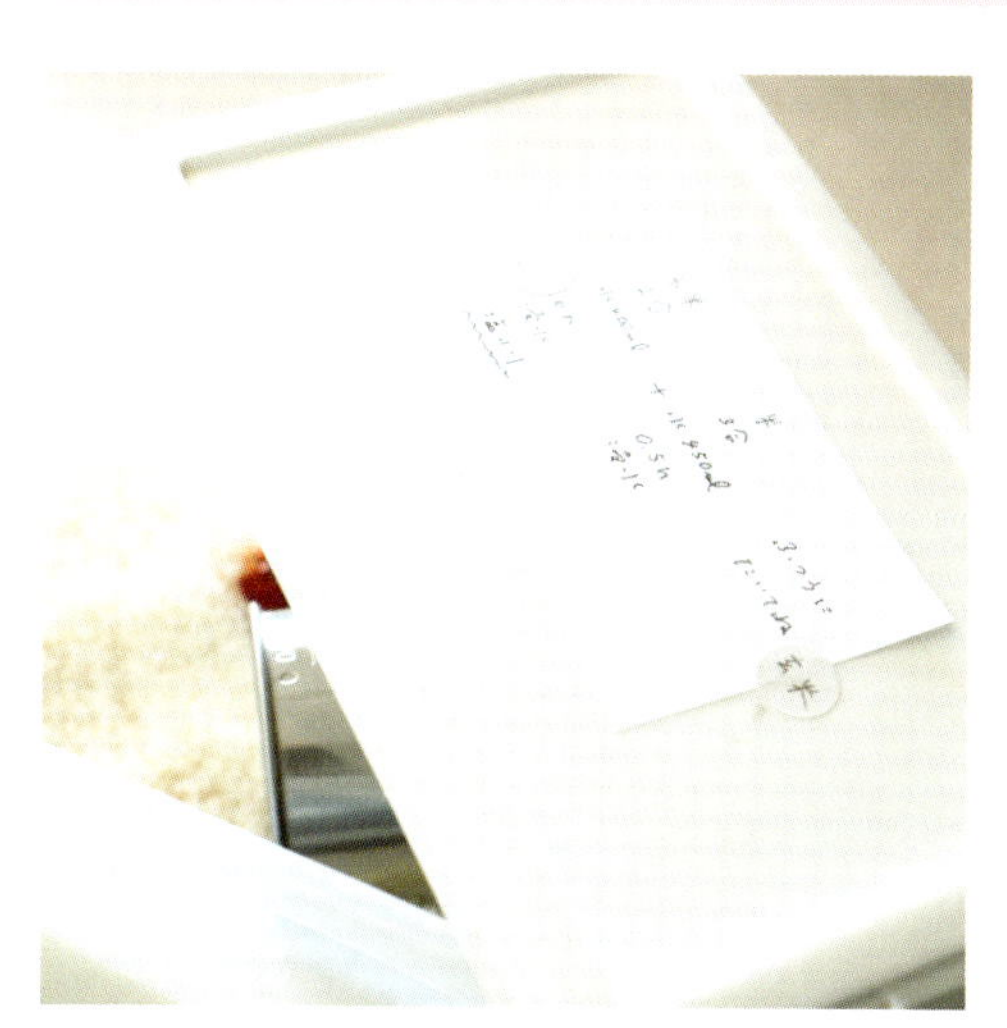

放置家事

[ブラは1日浸け置くだけ]

わが家の浴室には、ブラ専用の洗い桶があります。入浴時に脱いだブラを入れ、お湯に洗剤を溶かして放置。翌日の入浴時にすすいで軽く絞り、体を拭いたタオルで水気を拭き取って干します。型崩れを防ぐため、もみ洗いもなし。手をかけなくても、時間が汚れを落としてくれるのでラクチンです。

[入浴中に余熱調理]

わが家の夕食は入浴後。2日に一度、まとめて作るみそ汁は、入浴前にカットした具を鍋に入れ、沸騰したらフタをして火を止めます。すると、お風呂から上がる1時間後には完成。鍋とコンロの余熱で、具が軟らかくなります。入浴後はおかず1品を作るだけなので、夕食の準備がすぐに整います。

[注ぐだけでおいしいコーヒー]

ドリップコーヒーがうまく淹れられません。やかんに張りついて温度や注ぎ方を工夫しても、満足のいく味にならないのです。そこで、頼っているのが水出しコーヒー。イワキのコーヒーサーバーなら水を注いで放置するだけ。夜眠る前の仕事にし、朝食においしくいただきます。

自分をだます

[時間のサバ読み]

時間の感覚は人それぞれ。たとえば私は8分と聞くと、面倒な気持ちがむくむくと湧いてきます。毎日の洗濯で、家族3人の衣類を干すのに8分かかりますが、面倒に思わないよう、5分といい聞かせています。切り上げ式にして、気持ちの負担を軽く。

3分って長い!

[見た目のサバ読み]

同じ量の洗い物でも、シンクへの置き方ひとつで、やる気が変わります。私の場合、食器がシンクいっぱいに散らばっていたら、一気に洗う気がダウン。逆に、コンパクトにまとまり、シンクが広々と空いていたら、やろうという気に。視覚から得る情報は侮れません。

すっきり
➡ やる気UP

ごちゃごちゃ
➡ やる気DOWN

[やれるときにやる]

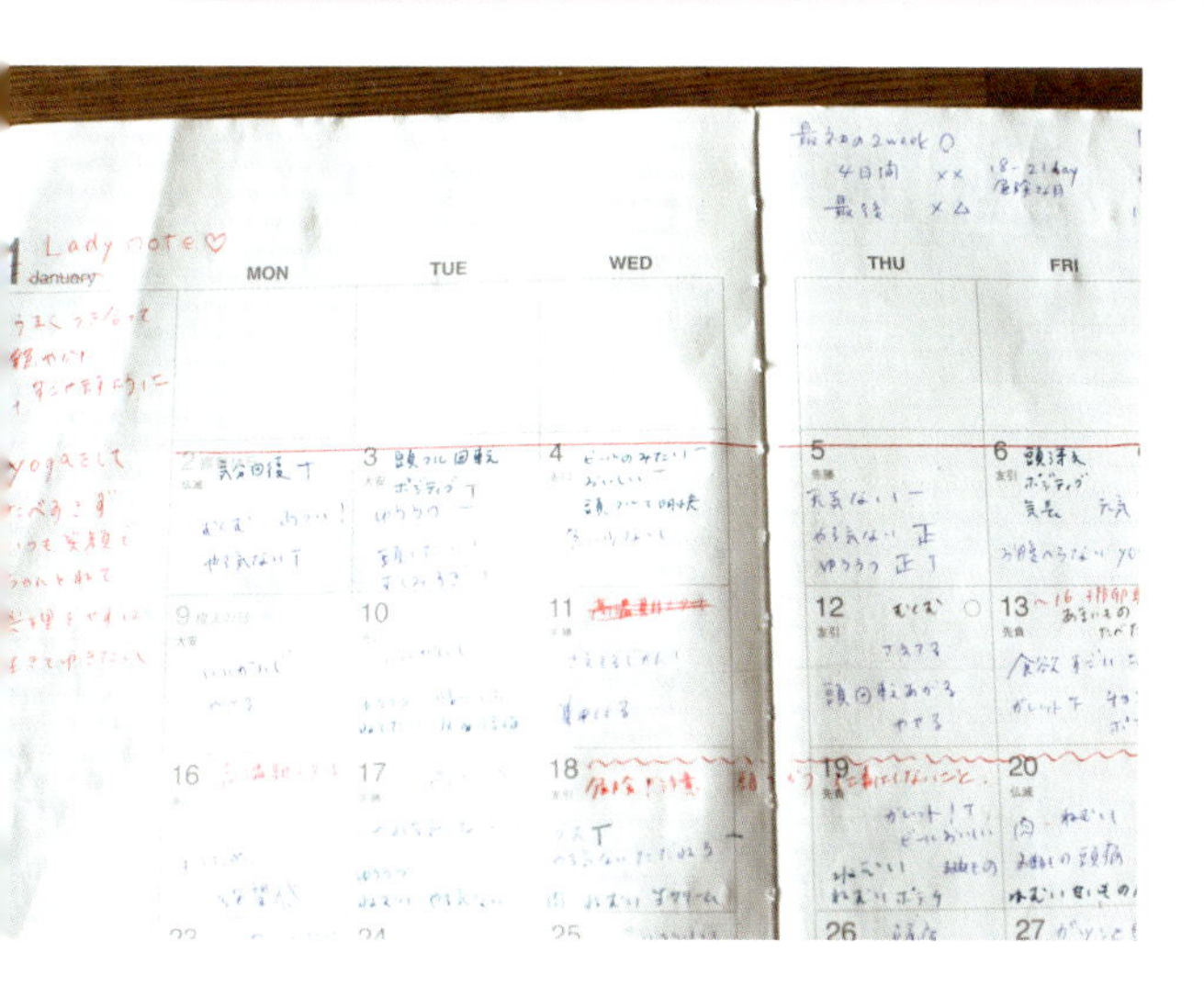

毎年12月には翌年のスケジュール帳をおろすので、1月は空白に。そこに1ヵ月の体調の変化を書き込み、スケジュールを組むのに役立てています。休みのない家事は、体調が不安定なときはムリをせず、安定しているときにまとめてこなします。

Column

過去を未来に生かす手帳活用術

スケジュール帳やお薬手帳には、必ず「すんだこと」の感想を書くようにしています。復習で情報の精度を上げれば、次をもっと楽しめるようになるからです。私の手帳をご紹介します。

スケジュール帳

変更がきくように鉛筆で記入します。赤字は動かせない予定で、青字は動かせる予定。毎年行う季節の家事は、翌年のスケジュール帳を購入したときに転記。

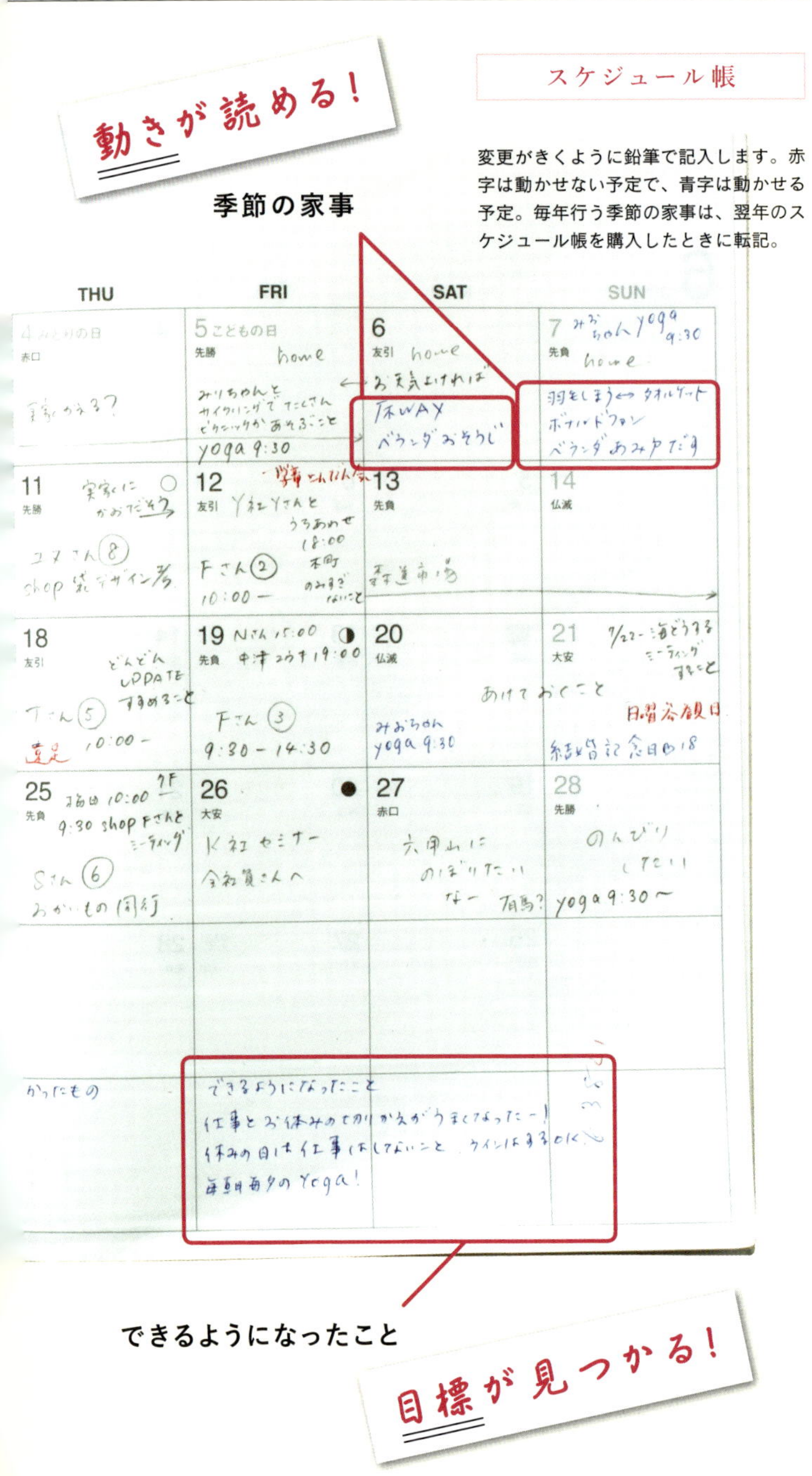

動きが読める！

季節の家事

できるようになったこと

目標が見つかる！

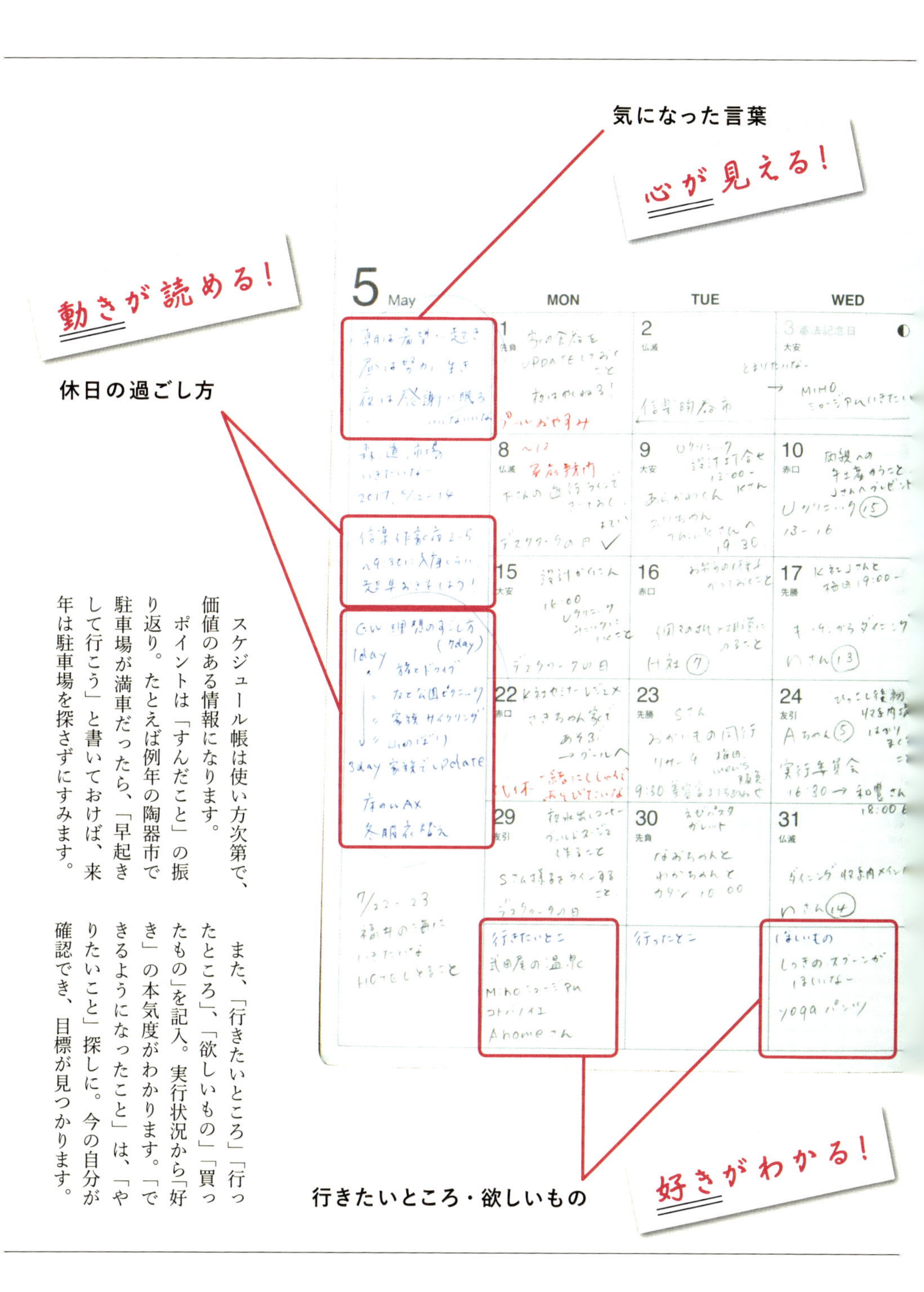

スケジュール帳は使い方次第で、価値のある情報になります。

ポイントは「すんだこと」の振り返り。たとえば例年の陶器市で駐車場が満車だったら、「早起きして行こう」と書いておけば、来年は駐車場を探さずにすみます。

また、「行きたいところ」「行ったところ」、「欲しいもの」「買ったもの」を記入。実行状況から「好き」の本気度がわかります。「できるようになったこと」は、「やりたいこと」探しに。今の自分が確認でき、目標が見つかります。

Column

お薬手帳

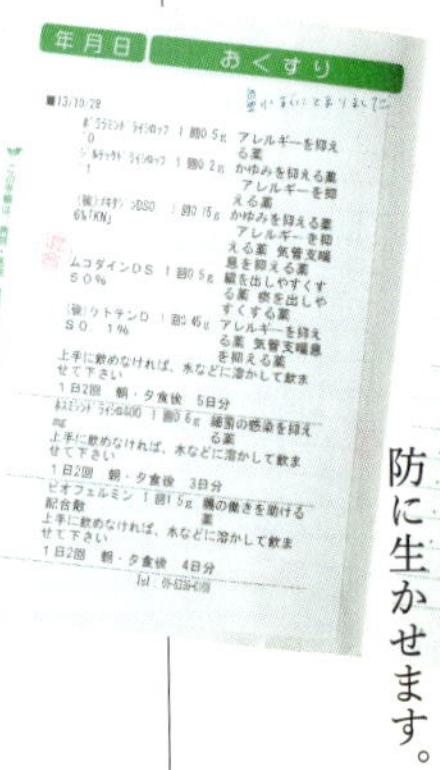

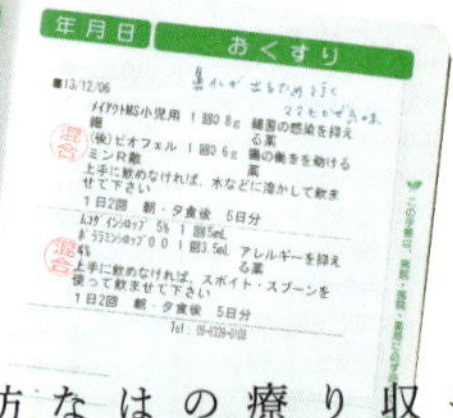

薬は効き目をお薬手帳にメモし、次回の判断材料に。領収書も、会計窓口でペンを借り、病名を記入。年度末に診療科別に整理し、年間医療費の通知と照合すれば、「今年は花粉で医療費がかかった」など、健康状態がわかって予防に生かせます。

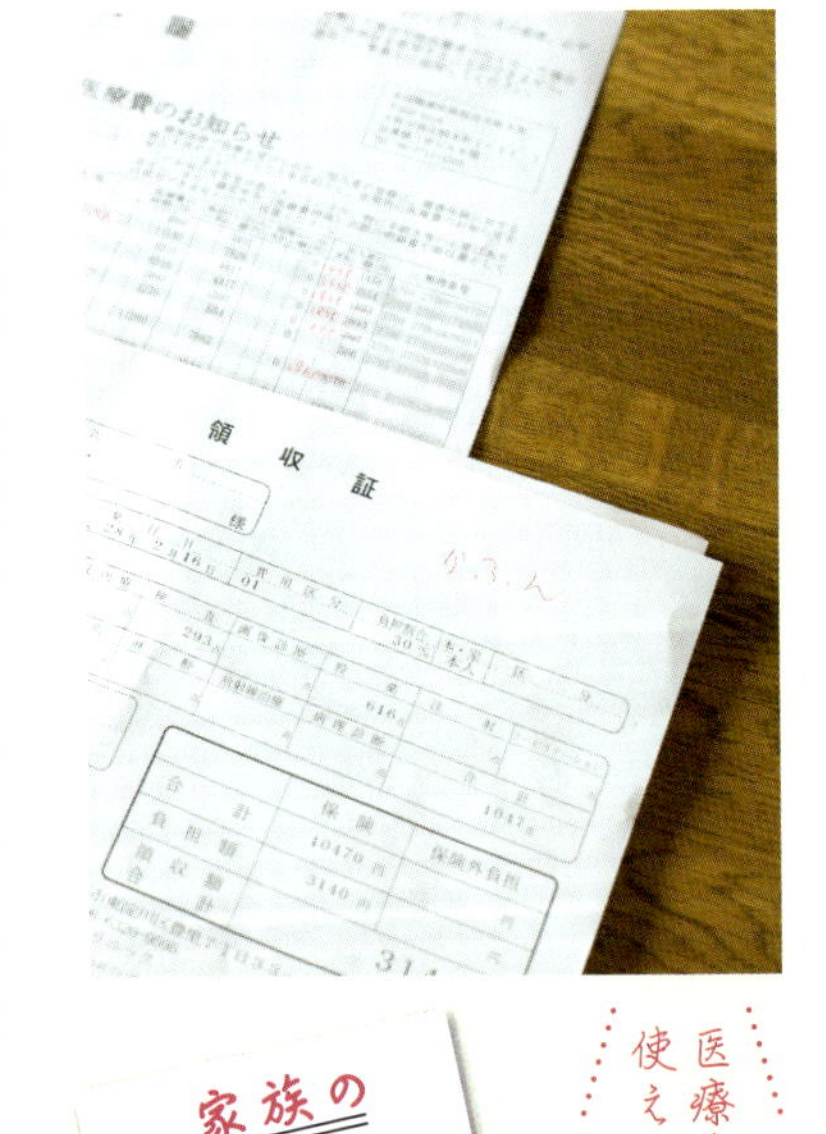

家族の健康状態がわかる！

医療費通知が使える！

レシピ帳

味の好みは変化するので、料理やお菓子は作るたびに情報をアップデートしています。レシピ帳に「甘かった」「混ぜる過程はいらないかも？」など、味や作り方の感想をメモし、次回に改良。すると、今の「おいしい」がずっと続き、また作ってみたくなります。家族の好みを知ることもできるので、献立作りの参考にも。

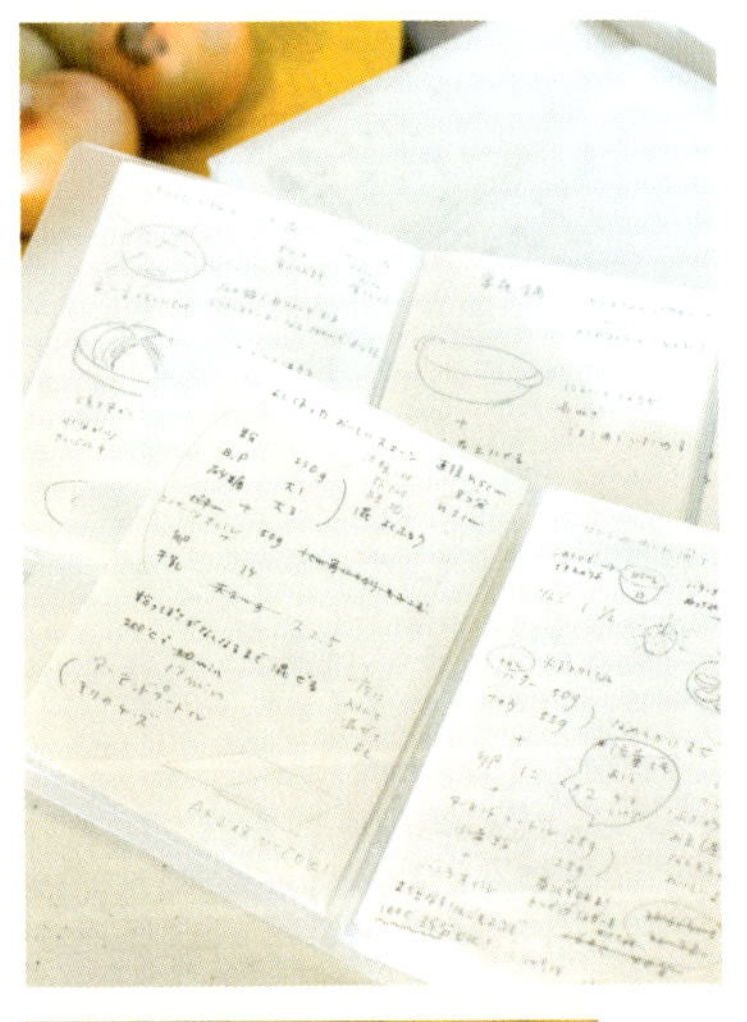

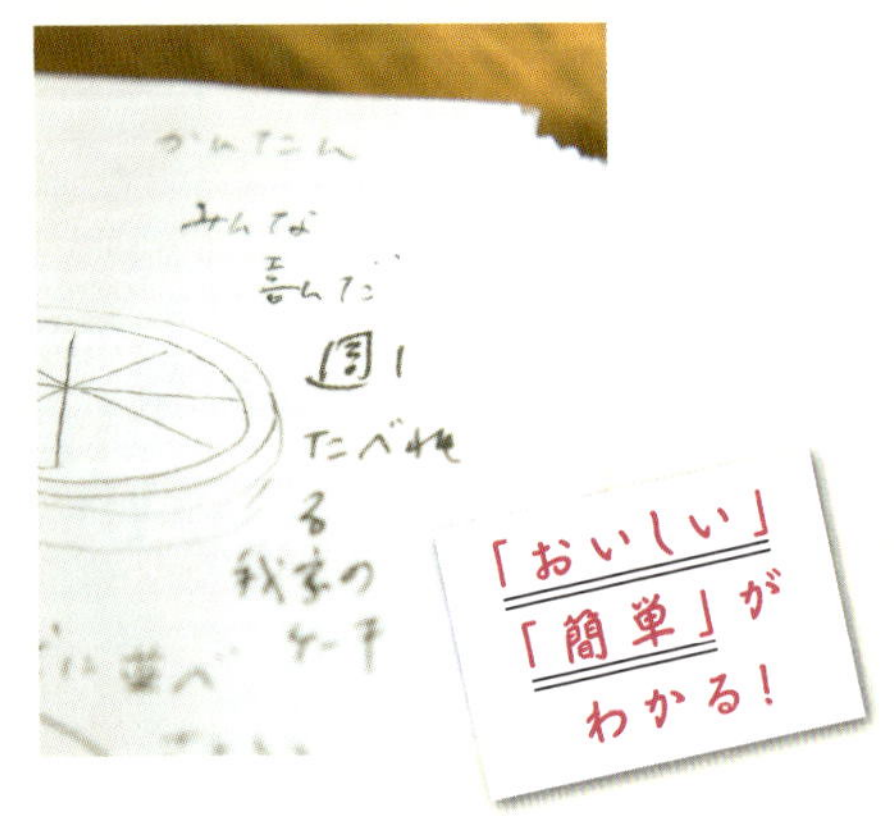

「おいしい」「簡単」がわかる！

Part 3

「好き」な服を選んで楽しく 着こなし

服は、今を楽しむ最高の道具

時代を象徴する服は、今生きていることを味わえるもの。今の気分で服を選び、2017年の空気を身に纏う。とても楽しい道具です。お店に出かけてじゃんじゃん試し、あなたのお気に入りを見つけてください。

クロゼットに着ていない服がどっさりある？　それはあなたがおしゃれさんで、そのときどきを存分に生きてきた証拠。流行感度の高さや、服を買えた経済力を褒めてあげましょう。着なくなった服は、たとえれば茶葉の出がらし。味がしなくなったら、捨てていいのです。おいしいお茶を楽しんだのですから。

自分のビジョンマップ（P24～25）に沿った服を着るようになると、「本当はこんな格好がしたかったの！」と、おしゃれが楽しくなります。臆することなく、どこへでも行け、誰にでも会える。自由が手に入ります。

さらには、人から褒められやすくなります。人は「美人だね」より、「おしゃれだね」のほうが口に出しやすいもの。褒められることで、自己肯定感が高まり、人生が楽しくなります。

会社勤めの頃、毎日のコーデを書き留めたスケッチブック。服が大好きで、これまでに着た数は1000着に及びます。

真のおしゃれとは、無になれること

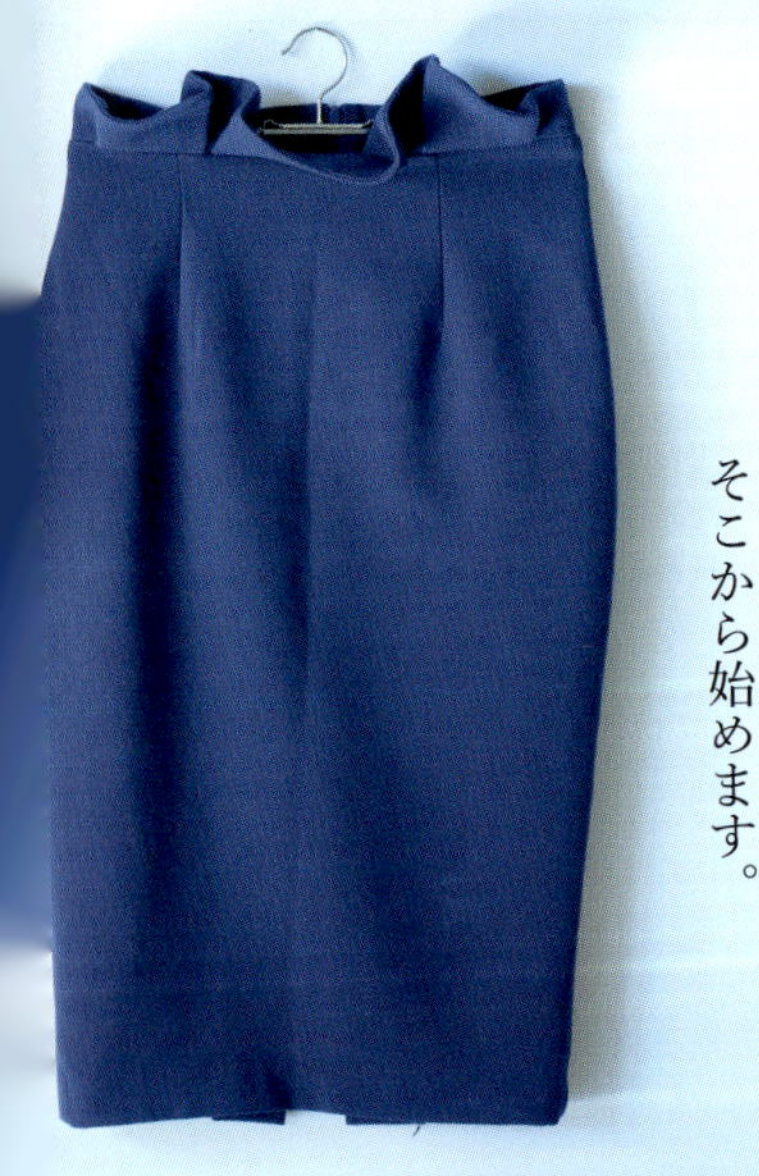

右から、ノーブランド（紺のブラウス、スカート）、ZARA、ルコンド、マルティーヌシットボン。

真のおしゃれとは、無になれること――。これは、私のファッションのモットーです。

ファッションが決まらないと、やたらと鏡を見たり、あちこち触ったり、落ち着きのない態度で人を不安にさせます。逆に、思い通りにいくと、自分を忘れられて、相手に意識を向けられます。すると、会話が弾んで今この瞬間を楽しむことができ、相手に安心感を与えられます。

写真の5着は、今の私が無になれるほど好きな服。よく見ると、ラインがきれい、襟やボタンがない、生地がハイゲージなど、5着には共通点があります。ゴールドの服選びは、そこから始めます。

[5 着 の 共 通 点 か ら わ か る 「 好 き 」]

❶ ラインがきれい

凝ったパターンで、1着で完結するデザイン。

❷ 襟なし、ボタンなし

余計な装飾がないほうが、アクセサリーを楽しめます。

❸ ハイゲージな生地

マットな質感は、洗練された印象を与えます。

「似合う」より「好き」で選ぼう

私の2017年のビジョンマップ。整理収納サービスでは、ビジョンマップを分析し、カラーチャートも作ります。

好きと似合うは違う――。ファッションにおいては永遠のテーマですが、主役は服ではなく人。好きな服を選びましょう。

そのためには、服もゴールドを。一度服のビジョンマップ（P24～25）を作ってみましょう。自分では気づかなかった本当の「好き」がはっきりします。手持ち服を気にしたり、体型にこだわる必要はなし。ただ、ビジョンマップに沿ったものを探す。おしゃれで尊いのは、「素敵になりたい」という思いです。

手持ち服に合わせない

コーデを意識して選ぶのはやめましょう。本当の「好き」から遠ざかっていきます。

腰に巻いて帰れる？

「かわいい」と手に取った服が、腰に巻いて（肩にはおって）帰れるならゴールド。買い物にはお気に入りを着ていくはずなので、今日の装いに合っている証拠です。

体型コンプレックスを封印

コンプレックスを隠すための服選びはつまらないもの。人は40歳のあなたに20歳のお尻を求めてはいません。「この程度」意識を解除して、着たいものを。

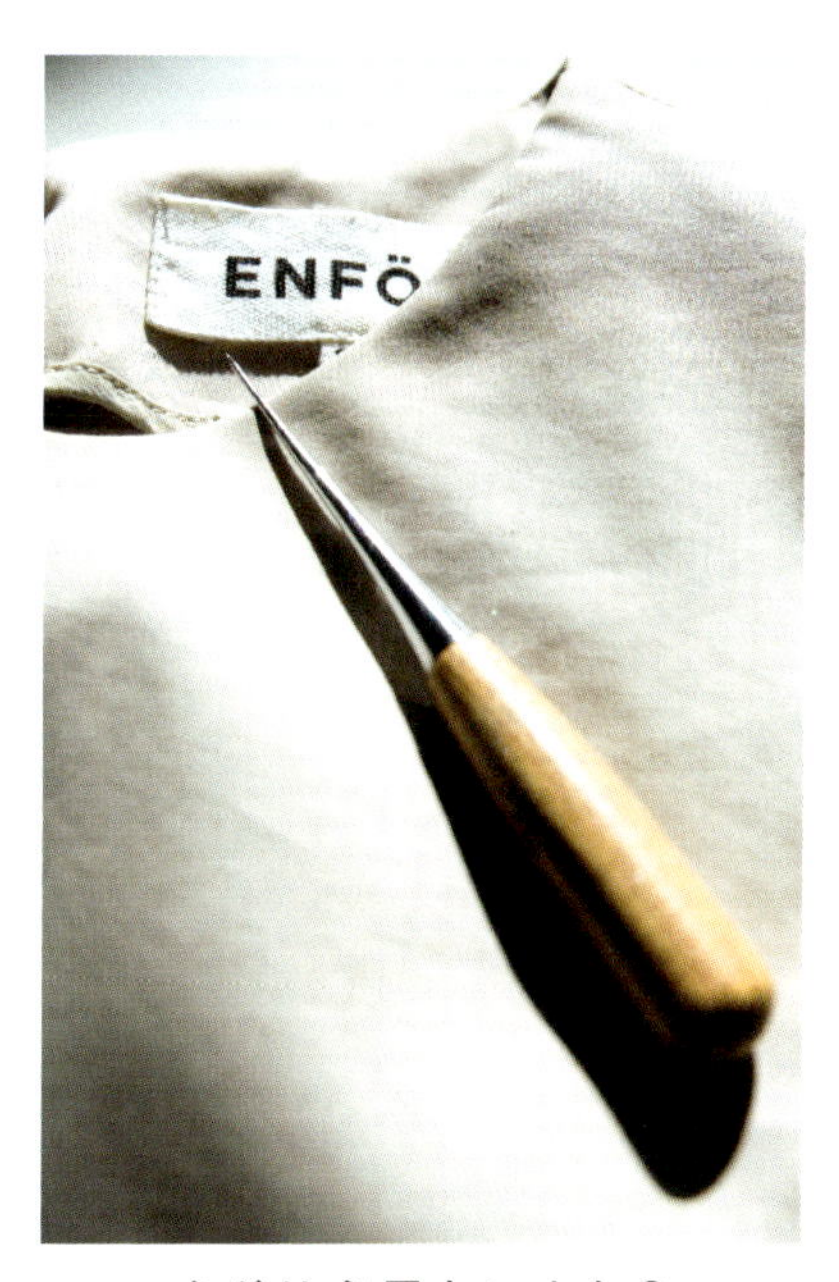

タグは必要ないよね？

あなたが欲しかったのはブランド力？　それともその服？　服が気に入っているなら、タグは捨てられるはず。できないのは本当に「好き」ではないから。

ゴールドが見つかる買い物術

服、靴、バッグ、アクセサリー……。すべて今のゴールドを身につけて買い物へ。

服を買いに行くときは、自然といちばんのお気に入りを選んでいるもの。つまり、今の最高峰のおしゃれをしているので、その服に合うものはゴールドの対象です。

お店で気に入った服を見つけたら、必ず試着をします。ファッションで大切なのはサイズ感。多くの女性がもっている「Mサイズ信仰」を捨て、いろいろなサイズを試してみましょう。体にピタッと合っている必要はありません。オーバーサイズが今っぽい、首のつまりがキュートなど、服を自由に楽しんでいいのです。試着を繰り返すことで、ゴールドは見つかります。

店の外を歩こう！

試着室を出て靴を履き、鏡から3m以上離れて全身を見ましょう。定員に断り、店の周囲を歩いても。スカートがズリ上がるなど、着心地を確認します。

ネットショッピングは返品前提で

試着ができないネットショッピングは、返品が可能なサイトで購入。その際、サイズや色違いも購入し、家で試着します。返品時の送料は交通費と考えて。

頼れる店員の見極め方

服を真剣に選んでいるときに、やたらと声をかけてくる店員には思いやりが感じられません。そっと見守り、尋ねたときに答えてくれる人を信用して。

本当に9号、Mサイズ？

自分は9号、Mサイズと思い込まず、S～Lサイズの試着を。とくにトップスは、サイズによって印象がガラリと変わります。メンズもキッズも試して。

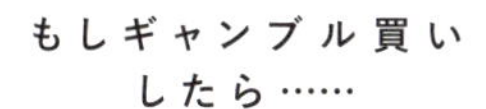

もしギャンブル買いしたら……

ご褒美やストレス発散など、衝動買いもOK。でも帰宅して試着し、「違う」と感じたら、馬券を破り捨てるようにゴミ箱へ直行。

元気で時間のあるときに

服を買うのは重労働。サイズや色違いなど、数を着ることで、ふっと腑に落ちる瞬間は訪れます。心身ともにすぐれ、時間に余裕があるときにお店へ。

スタイリングで「好き」を着こなす

好きだけどなんか似合わない……。でも大丈夫！　そんなときのために、スタイリングという方法があります。布で作られた服は、折る、まくる、つまむ、結ぶなど、簡単にアレンジが利きます。

たとえば私は、背が低く、手足も短めです。そんな私がよく取り入れるのが、トップスのウエストイン。今流行りの「ざっくり入れ」で重心を上げ、腰高に見せています。ほかにも、手首や足首など、細い部分を見せることで抜け感が生まれ、雰囲気が一変！

服は身につけたら終わりではなく、スタイリングが肝心。そのための時間を確保しましょう。

手首見せ

長袖は手の短さが強調され、垢抜けない雰囲気に……。袖をまくって肌を見せれば、手が長く見え、ぐっとこなれ感が出ます。大ぶりのブレスレットで、細さを強調。

ウエストイン

プルオーバーをそのまま着ると寸胴な印象に……。トップスの前だけインする「ざっくり入れ」で、華奢なウエストに変身させます。重心が上がって、脚長効果も。

胸元レイヤード

トップスが顔色をくすませる……。そんな場合は、下に白のタンクトップやTシャツを重ねてメリハリを。白ならレフ板効果もあり、顔回りが明るくなります。

足首見せ

足を長く見せようと、デニムをフルレングスではくのは逆効果。裾をロールアップして足首を少し見せ、抜け感を作ることで脚長に見えます。今ならおしゃれ度もUP。

おしゃれはバランス

靴を履く

鏡の前に立ち、床に段ボールを置いて、迷った靴を片方ずつ履きます。片足を後ろに上げて、全身のバランスをチェック。他の靴は鏡に写らないよう、フレームアウトさせて。

クロゼットの服がすべてゴールドになると、朝の洋服選びに迷わなくなります。どれを手に取ってもあなたの好み。あとは、靴やバッグを合わせるだけです。

とはいえ、全身のコーディネートは、洋服を選ぶ以上に重要。もしクロゼットに全身を映す鏡がなければ、すぐに用意しましょう。おしゃれはバランスが第一です。

大事なのはTPOで、会う人や行く場所をしっかりイメージすること。メイクはもちろん、下着、靴、バッグ、アクセサリーと、すべて身につけ、鏡から離れてチェックします。

クロゼットに段ボールを

段ボールの底パット（板段ボール）を取っておき、クロゼットの引き出しケースの上に。ここなら、靴を履くときにサッと手に取れます。

メイクした状態で

顔ができ上がっていないと、服が地味に映るもの。メイクをすませ、髪もセット。コンタクトや眼鏡も装着します。朝時間がなければ前日の帰宅後でも。

シンプルな姿見を用意する

鏡は全身が映るシンプルなものを。装飾があると、「映る私」がかわいく見え、目がだまされてしまいます。脚長に見えるスタンド式は避けて壁かけ式に。

鏡から3m離れる

人が他人の服装を判断するのは、3～5m先。コーディネートを考えるときは、鏡から3mは離れましょう。ちなみに私は部屋の奥に鏡を設置しました。

アクセとバッグは身につけて

おしゃれの仕上げはアクセサリーとバッグ。両方身につけ、外出時の状態を再現し、TPOを再確認します。シルエットが変わるブラも、きちんと装着。

「いいものを長く」のワナ

世界中のあちこちでコレクションが開かれているように、ファッションは生き物で旬を楽しむもの。「いいものを長く」という発想は、人がものに従属するようで、恐ろしく感じます。

たとえば、ブランド品の高級ニット。投資した分を取り戻そうと、どうしても長く着てしまいがちです。問題はそのものにあるのではなく、好きでもないのに着続けているという点。その服を着てワクワクした気持ちになれないのなら、手放していいのです。

同様に、定番品だからといって、安心して買うのはやめましょう。その定番は、ファッショニスタやオピニオンリーダーなど、他人が作り出したもの。誰かの定番であって、あなたの定番ではありません。真の定番品とは、あなたが好きで、「ついこれを着たくなる！」というもの。ぜひ、自分の定番品を持ちましょう。

着用単価という視点

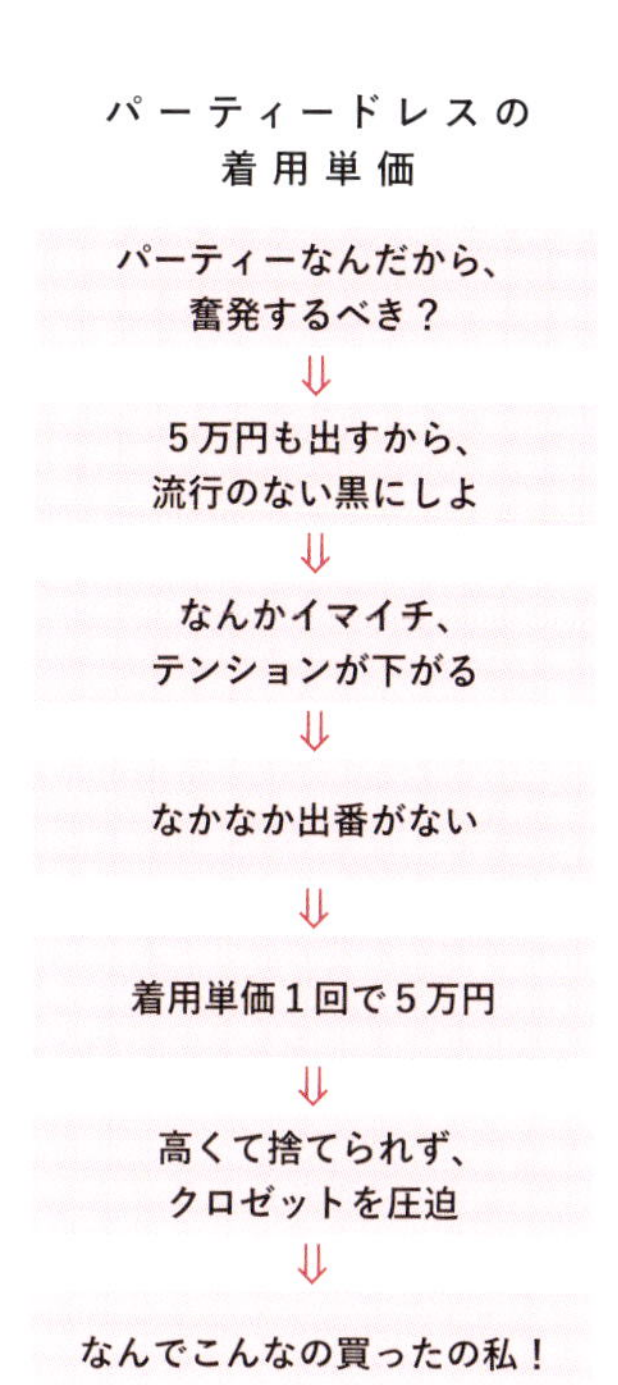

たとえば、すごく気に入ったスカートが2万円で予算オーバーだったので、隣にあるなんにでも合いそうな3900円のスカートを買ったとします。この場合、結局どちらが高くつくのでしょうか。着用単価（1回あたりの価格）を比較してみます。

2万円のスカートはお気に入りなので、出番が多くなります。平日1回、休日1回、月8回、2年で192回はいたとして、1回約100円。一方で、3900円のスカートは、それほど気に入っていないので、結局1回しかはきませんでした。その場合の着用単価は3900円。後者のほうが高くなります。

しかも、2万円のスカートをはいた2年間はとても優雅な時間を過ごせますが、3900円のスカートはクロゼットを開けるたびに「どうしてこんなもの買ったの？」とむなしくなります。ゴールドの買い物は、結果的に安くつくのです。

靴はツール。TPOに合わせて

靴はファッションアイテムでありプロダクト（道具）。よく切れるはさみや肩の出ないハンガーを選ぶのに似ています。

ファッション性より機能が優先されるため、購入には時間をかけ、慎重に吟味します。道具ですから、用途に応じてふさわしいものを持ちます。通勤用、パーティー用、防寒用……。

靴は服やバッグと違って、合わなければ足を痛め、歩くのが辛くなります。今を楽しむためには「ふだん履くパンプスこそオーダーメイドにすべき」というのが、私の持論で理想です。

今感を楽しむ

80年代調のデザインが新鮮で今を楽しめます。ドレスダウンするなど、おしゃれの幅を広げるアイテムとしても。

雨の日用

雨を楽しむレインブーツで、梅雨に活躍。上履きのようなデザインは、「ちょっとそこまで」履いていくにも最適。

勝負靴

オーダーメイドで、サイズもデザインも私にぴったり。私が無になれる靴なので、ここいちばんの大切な席に。

右から、カルテルシューズ、ラ リフィコローナ、アディダス、アンテプリマ、マウリツィオアラキ、ヴィッチーニ。

冬の足元おしゃれ

楽しげな千鳥格子のテキスタイル。ボリュームもあり、冬に暗くなりがちなファッションを明るくしてくれます。

パーティー用

アンクルストラップつきのハイヒールは、フォーマルな場にぴったり。肌に近い色は万能で、黒よりも使えます。

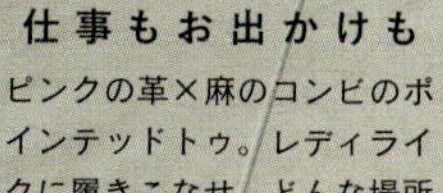

仕事もお出かけも

ピンクの革×麻のコンビのポインテッドトゥ。レディライクに履きこなせ、どんな場所にも似合います。

バッグは「私らしさ」を表すもの

私のバッグの共通点は、軽さと薄さ。そして、持っていて楽しいもの。上から時計周りにＨ＆Ｍ、紙和、台湾の夜市で買ったもの、手作り、染色家・津田千枝子さんの型染のバッグ。

バッグは、服以上にその人らしさが表れて楽しいもの。たとえば私は、派手な色合いや重い革製より、写真のような静かな佇まいのバッグが好みです。

バッグで気をつけたいのは、ハイブランドの流行品。これは、たとえれば最高級のマグロです。新鮮なうちはとびきりおいしいので、本当に好きなら手に入れてガンガン使いましょう。でも賞味期限は短いため、鮮度が落ちたらパッと手放して。

「流行品は目立つから」と同じブランドの定番品を「これなら10年持つからいいかも」と選ぶのはＮＧ。好きではないのでワクワクせず、「高かったから……」とクロゼットの肥やしになりがちです。

女性はみんなバッグ好きで、特別な思い入れがあります。だからこそ、自分の「好き」の共通点を洗い出し、しっかりとゴールドをつかみ取りましょう。

アクセサリーから元気をもらう

アクセサリーはパワーをもたらしてくれるお守りと思って、大切にしています。

選び方は服と同じで、ビジョンマップに沿ったものを探しますが、さらに自分を高揚させるSpecialを見つけて。気に入っていないものがあったら手放し、ケースの中はすべてお気に入りでそろえます。すると、開けるたびに「素敵！」と声が上がり、元気をもらえるはず。

フェルトでリングホルダーを手作り

台を作る

フェルトをケースの幅にカットし、両端から折って山にします。ケースに収まる本数を作製。

⇓

カバーをかぶせる

ケースに1を並べ、上に白いフェルトをかぶせます。指で台の谷間に押し込めばＯＫ。

メラミンスポンジなら配置が自在！

メラミンスポンジを敷き、身につけた状態で収納すると、コーディネートのイメージが湧きやすくなります。私の共通項はユニークと繊細。

ゴールドを選び取る洋服整理術

[Step 1 服の量を把握する]

まずは、整理前の準備体操。リビングで、スカートやパンツ、ワンピースなど、アイテム別に持っていると思う数を予想してみましょう。次に、用途や種類別など、それぞれの適正量を考えます。書き終えたら、一覧表を手に持ってクロゼットへ。実際の数をカウントし、表を完成させます。適正量と実数の差に驚いたら、しめたもの。整理へと気持ちが向かっていきます。

カウントしてみよう

	予想	適正量	実数
スカート	4	4	3
パンツ	5	5	10
ワンピース	8	5	10
⋮	⋮	⋮	⋮

適正量は、たとえば冬のコートなら、仕事用にウールを１枚、公園用にダウンを１枚というように、ライフスタイルを振り返りながら決めていきます。

[Step 2 服を全部出す]

ハンガーポールや引き出しから服をすべて出し、ベッドの上など1箇所に集めて、総量を目で確かめます。どっさり積まれた服の山を目の当たりにすると、あなたはきっと驚くはず。ちなみに、体はひとつしかありません。「私って、どういうつもり?」と思わず笑っちゃいませんか?

[Step 3 好きな服を選び取る]

服の山から、好きな服を引っ張り出してください。好きな服はシワにしたくないので、瞬間的に抜き取るはず。これらをまず、クロゼットに戻します。私の経験では、5～15枚程度。おもしろいことに、このとき人は無言になるもの。逆に、ペラペラとしゃべり出す服は、本当は捨てたいものです。

[Step 4 迷った服を精査する]

手が止まったら、Ｓｔｅｐ３で瞬間的に抜き取った服の共通項を探ります。自分にとってのゴールドが明確になり、残った服との比較がしやすくなります。たとえば、ボーダー柄ばかり、すべてにフリルがあるｅｔｃ．結果的に、似たような服ばかりに。再度ゴールドを抜き取り、クロゼットへ。

[Step 5 保管期間を経て処分]

まだ捨てるのに迷うものは、ゴミ袋に詰め、使っていない部屋や枕棚などで保管します。保管期間を決め、ゴミ袋とスケジュール帳に記入。期限までに気づいたら中身を確認しますが、気づかず過ぎてしまったら開けずに処分します。これで、クロゼットの洋服はすべてゴールドに。

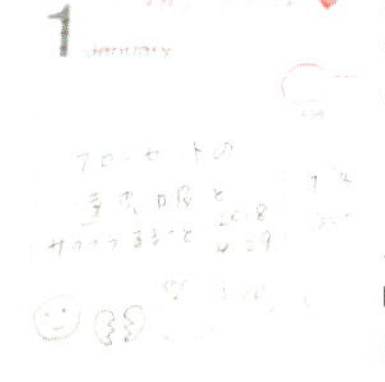

スケジュール帳にも記入

翌年１月の空欄を利用します。処分期限日をメモし、手帳を新調したら、新しい年の期限日に書き写します。

美術館収納で「捨て」がわかる

服は色で分け、グラデーションに並べます。美しく整ったクロゼットに金メッキがまざるとすぐにわかるもの。

クロゼットには、P102～103の手順で整理したゴールドの服だけを収納します。ゴールドの枚数は少なく、5～15枚程度。どんなに小さなクロゼットでも、すっきりと収まります。これらを美術品のようにゆったりと並べましょう。見ているだけでワクワクし、前よりもっとおしゃれが好きになります。

クロゼットが完成したら、どうぞ新しい服を買いに行ってください。そこでもし、あなたがゴールドではない、金メッキの服を選んだとします。その服をクロゼットに入れると、なんだかモヤモヤし、扉を開けるたびにテンションが下がり、「これ、違うかも……」とクロゼットから追い出すでしょう。このモヤモヤを経験すると、服を安易に買わなくなり、物欲がだんだんなくなります。どんなにおしゃれなお店を回っても満足せず、自分だけのセレクトショップ＝クロゼットがいちばん！と思えるようになるのです。

［「金メッキ」の追い出し方］

ゴールドの服に金メッキがまざり始めたら、追い出し式でアップデートを。
安易に買わないためにも、こまめな見直しで、常にゴールドだけに。

着た服は右側へ戻す

1

一度着た服は、必ず右端へ戻します。洗って戻すものも右端へ。すると、右側に気に入ってよく着る服が集まるため、これらがゴールドだとわかります。

⇓

左側に「捨て」候補がたまる

最近ちっとも
着ていない
なぁ……

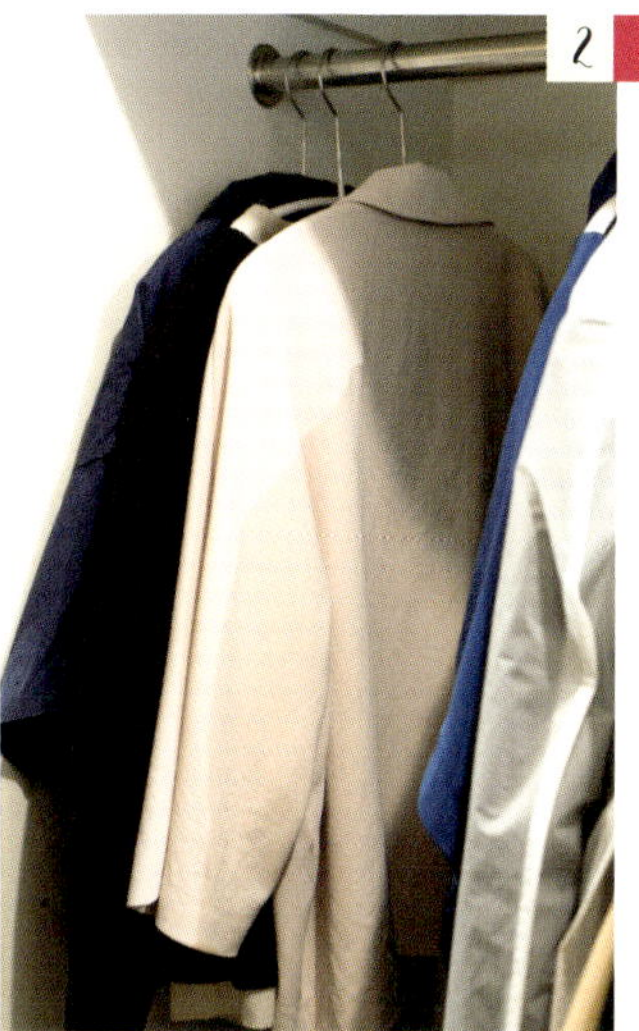

2

1を繰り返していると、出番の少ない服が左側に集まります。これらは金メッキなので、P102〜103のステップ4に沿って、整理を進めます。

「好き」なら捨てずにこう使う
取っておくゴールドの生かし方

肩にはおってストール代わりに

ブラウス

ドット柄のブラウスは、カットソー×デニムのカジュアルコーデを1ランクUP。肩にかけ、袖を無造作に結びます。最後に見え方のボリュームを調整。

2つ折りに抱えてクラッチ風に

バッグ

持ち方を工夫すれば、古い型のバッグでも使えます。手や肩に下げず、脇に抱えて持つだけ。バッグを折って、クラッチ風に見せるのがポイント。

裾だけ見せる縦レイヤードに

はっきりした柄のボーダーは、レイヤードに最適。裾だけ見せて段差をつけ、胴長をカモフラージュ。1トーンコーデのアクセントにも。

ボーダーカットソー

手首に巻いてブレスレットに

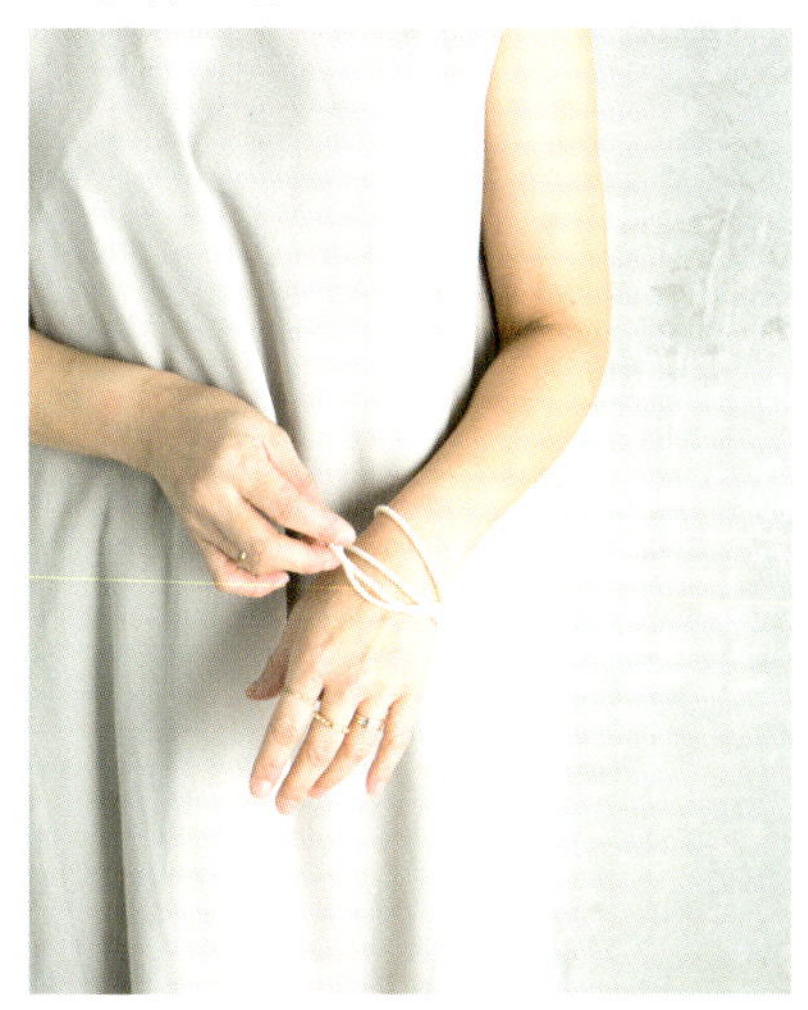

フォーマル用に取ってあるパールネックレス。手首にぐるぐる巻いて、いつもの服に合わせます。さりげない輝きで、手首に女性らしさを。

ネックレス

髪に巻いてヘアバンドに

首よりも、髪に巻いたほうが今の気分。スカーフを細く折り、後ろで無造作に結びます。同系色のトップスを選んで爽やかに。ベルトにしても。

スカーフ

バッグに引っかけて差し色に

きれい色のストールは、シンプルコーデの差し色に。バッグに引っかけるだけで、華やかな印象になります。ヒール靴を合わせて、重心を上げて。

ストール

クロゼットは8割収納で更新しやすく

わが家のクロゼット公開!

左右の壁に棚やハンガーパイプを取りつけた対面式で、広さ2.7畳。引き出しはP35でご紹介した深さ18cmと23cmを組み合わせています。ここに、家族3人分の衣類を収納。

お客様でクロゼットをリフォームする方がいらしたら、設計の前に伺って洋服整理を行います。クロゼットは「大きいほうがいい」という思い込みを手放すためで、洋服整理のあとでは、「狭い」と思っていたクロゼットが「ちょうどいい」大きさに変わります。

服は人が1年を通して快適に暮らすための道具で、クロゼットは服を保管する場所。寒い冬、暑い夏、慌ただしい朝、疲れて帰ってきた夜……、衣類の管理が簡単にでき、家族の気持ちを支える部屋でありたいと考えます。ごちゃごちゃのクロゼットでは、着替えや身じたくが気持ちよく行えません。

そのためにはまず、衣類をスペースの8割程度に収めること。衣類の動きを「見える化」し、常にアップデートを重ねることで、それはかないます。スペースに余裕が生まれると、出し入れがスムーズで、ものがあるべき場所に帰りやすくなるため、すっきりと整います。

衣類管理がラクになるクローゼット収納

[Idea 1　ハンガーをそろえる]

服は消耗品ですが、ハンガーは一生もの。良質なものを選び、そろえておきましょう。わが家は男女関係なく、36㎝幅を使用。小さめなら肩にハンガー跡が残りません。また、干すときにできるだけハンガーを使うようにすれば、「きちんとたたむ」を手放せます。

かけ直す手間いらず

トップスを干すときは、クローゼット用のハンガーを使用。乾いたら、そのままクローゼットに直行できるので、かけ直す手間がなし。「かけ待ち」の服でごちゃつきません。

コーデがしやすい

レイヤードで裾の見え具合をチェックしたり、ジャケットに合うインナーを探したり。ハンガーをそろえると、コーデがパッと決まり、服の山を作らずにすみます。

肩の線が出ない

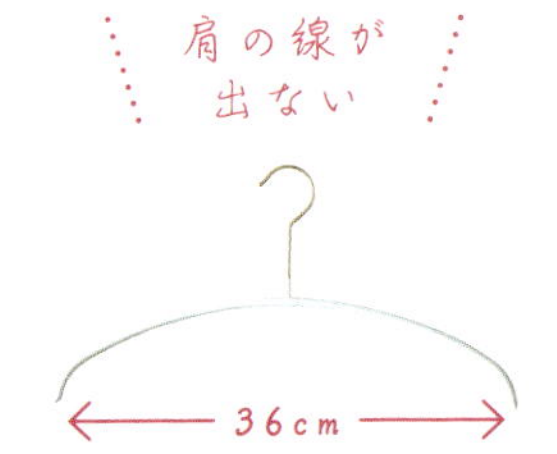

36㎝なら女性の肩にフィット。マワハンガー エコノミック36 ホワイト／MAWA Shop Japan

[Idea 2　柄を見せてしまう]

服は、オンシーズンとオフシーズンで収納のしかたを変えています。収納量を増やしたいオフシーズンの服は、たたんで収納。出し入れは年に一度ですむので、それほど手間になりません。柄を見せて立てて入れれば、上から一目瞭然です。

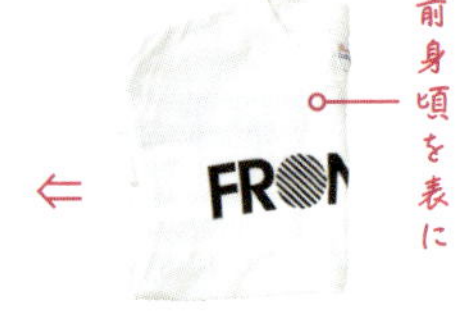

前身頃を表に

買い足しチェックがスピーディー

Tシャツは上から「何」が「何枚」あるかわかるよう、前身頃を表にしてたたみます。翌シーズンの買い足し時にスマホで写真を撮ってお店へ。

[Idea 3 「いつ・何」セットを作る]

下着や部屋着など毎日使うものは、種類別に入れず、身につけるタイミングでまとめます。

たとえば外出時なら、下着、インナー、フットウェアを同じ場所に。すると、身じたくや洗濯物を戻す際に、引き出しをあちこち開けず、1箇所ですみます。下着は下着どうし、と種類にこだわらなくてもいいのです。

外出時の身じたく品

インナー、タイツ、ブラ……。外出時に身につけるものは、同じ引き出しに入れています。慌ただしい朝も、身じたくがパッと整って便利。冬はカイロも。

在宅時の部屋着

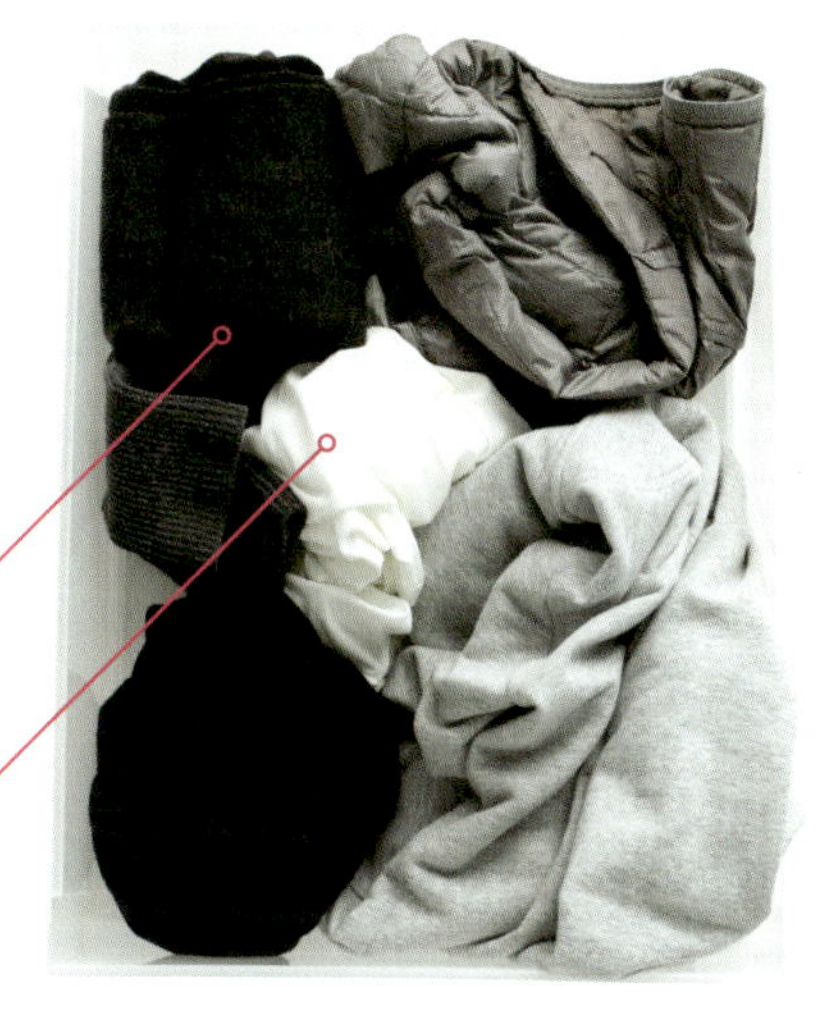

帰宅して身につけるものをひとまとめに。あちこちから取り出す必要がなく、一気に着替えが完了。出かけるときも、脱いだ部屋着をポイポイ入れるだけ。

フォーマルウェアもひとそろえに

使用頻度が低いものほど、ものの所在を忘れがち。ハンガーにパールのネックレス、上着のポケットにストッキングと袱紗を収納し、準備をスムーズに。

同じものを2セット持つ

インナーは同じものを2セット購入。同時に買い替えれば、消耗度で選り分けずにすみ、手間がかかりません。

Column

旅行用品を防災グッズにする

「いつものあれ」で有事を無事に

阪神淡路大震災の経験から、とっさのときほど「いつものあれ」が役に立つと実感しています。一般的な防災用品など、ふだん使い慣れないものを使うのはとても不安。非常時に、家族の非常事態を引き起こしては大変なことになります。そのため、わが家では旅行やレジャー用品を使用。これなら、いつでも安心して使えます。

クロゼットの引き出しに、家族の旅行・レジャー用品を。中には、圧縮ボディスポンジ・歯ブラシ、携帯用スキンケア、スマホ充電器、ピクニックシート、1dayコンタクト・眼鏡、小銭入れなどを収納。

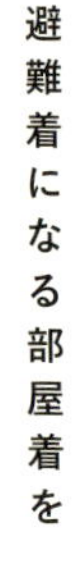

避難着になる部屋着を

吸湿発熱インナーに、パーカーとダウンベストを重ねた冬の部屋着。そのまま逃げても、人の視線が気にならないコーデに。

備蓄品はいつものストック

食品や日用品もふだん使っているものを。P124～125で紹介する贈り物も収納し、なくなったら補充するローリングストック法に。

Part 4

「苦手」を作らない社交術

人づき合い

女のやることは すべて許す

何をされても許す――。これは、女どうしのつき合いを円滑なものにするために、私が自分にいい聞かせている言葉です。その覚悟を持ったことで、私自身はラクになれました。

ジェンダーフリーな時代ですが、女性の立場はまだまだ弱いもの。女どうしが手を取り合わなければ、ますます生きづらい世の中になると心配しています。そういう意味では、職場の同僚や学校のママ友は、共同体で仲間。せめて一緒に過ごす間は、仲良くしたいのです。

共同体には、家族構成や経済状況、社会通念など、いろんなバックボーンの人が集まっています。私の経験から、一部の人と仲良くすると、場が乱れる一因に。選り好みや抜け駆けを女性は不安に感じます。だから私は、誰とでもつき合う、と決めたのです。そして、何をされても許す、と。

そのためには、手始めに相手の「いいね！」と思ったことを口に出してみてください。逆にあなたが褒められたら、「ありがとう」と素直に応じて。互いを受け入れることから、信頼関係は生まれます。

人を「好き」になる会話術

ボードゲームで盤を囲むと、子どものように素直に。会話の雲行きが怪しくなったときも、ゲームが有効。

人間関係で大切なのは、互いを知ること。たとえば私は、自分が「いいね！」と思ったことを口に出していうようにしています。相手の警戒心を解き、「私は味方ですよ」と伝えるためです。私の話を聞いて相手は自分のことを話しやすくなり、私も安心して話せます。話すことで互いを知り合え、自然と距離が縮まります。

話すときは、できるだけ「私が」と自分を主語にして話します。すると、自然とていねいないい回しに。また、自分の気持ちを伝えようと考えを整理するため、話の本質が相手に伝わりやすくなります。逆に、「あなたは」と切り出すと、人はつい命令調になり、関係がぎくしゃくしがちです。

言葉には力があり、言葉使いにはその人が表れると感じています。ていねいな言葉でやさしく語りかけるだけで、互いの心は開きやすくなります。

［ものよりも人を褒める］

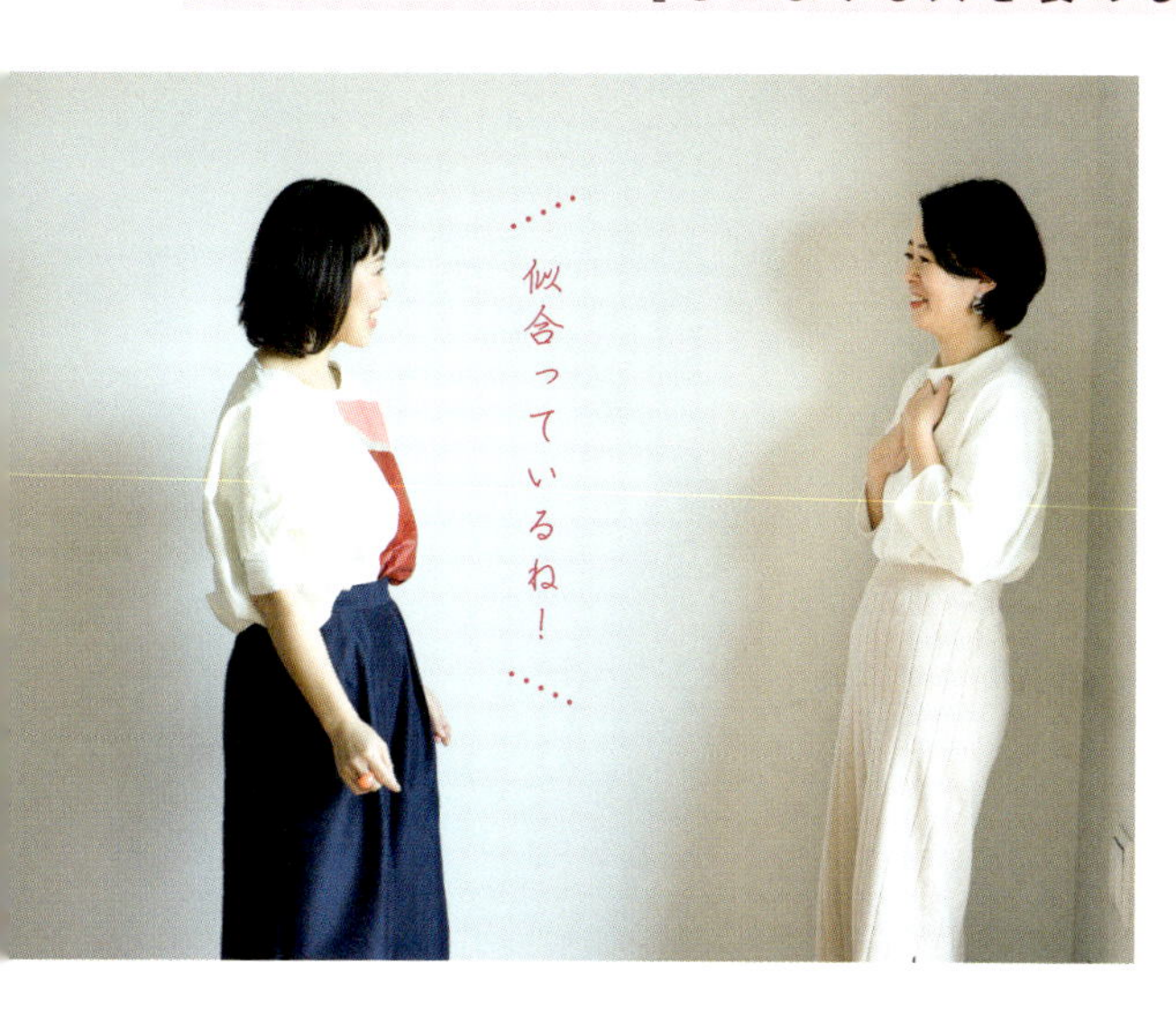

挨拶を交わすように「いいね！」と思ったことを口に出します。たとえば「そのスカート、いいね」ではなく、「そのスカート、似合っているね」と、素敵に着こなしている相手を褒めましょう。興味を示すことで、距離が縮まります。

［「私」を主語にして話す］

「あなたが」は高圧的になりやすいので、「私が」と自分の気持ちを伝えます。たとえば、待ち合わせをキャンセルされたら、「ドタキャンしないで！」ではなく、「楽しみにしていたから残念」というと、互いに気持ちがいいもの。

会話のタブー

故郷の町自慢
町はブランド品と同じ。相手によっては嫌味になることも……。

夫やママ友の愚痴
互いに踏み込まず、適度な距離感を。場の空気も乱れてしまいます。

いいにくいこと
そう感じたことは、いったあとで必ず後悔し、バツが悪くなるもの。

ものよりも機会を贈る

生ハム、キヌアサラダ、ズッキーニをくるっと丸めたもの！　なんでもないものも、器に凝るだけで華やかに。

人にものを贈るのは、とても難しいもの。相手の好みを知り、ふさわしいものをリサーチし、ときにはラッピングに工夫を凝らす。私はこれらの負担を相手にかけたくないので、仲良くなりたい人は、食事に誘うようにしています。一食を共にすると、互いの人となりがわかり、ぐっと仲良くなれます。

自宅に招くときは、定番メニューがあると安心です。ゲストは毎回異なるため、レパートリーをたくさん持つ必要はありません。

Googleマップでレストラン探し

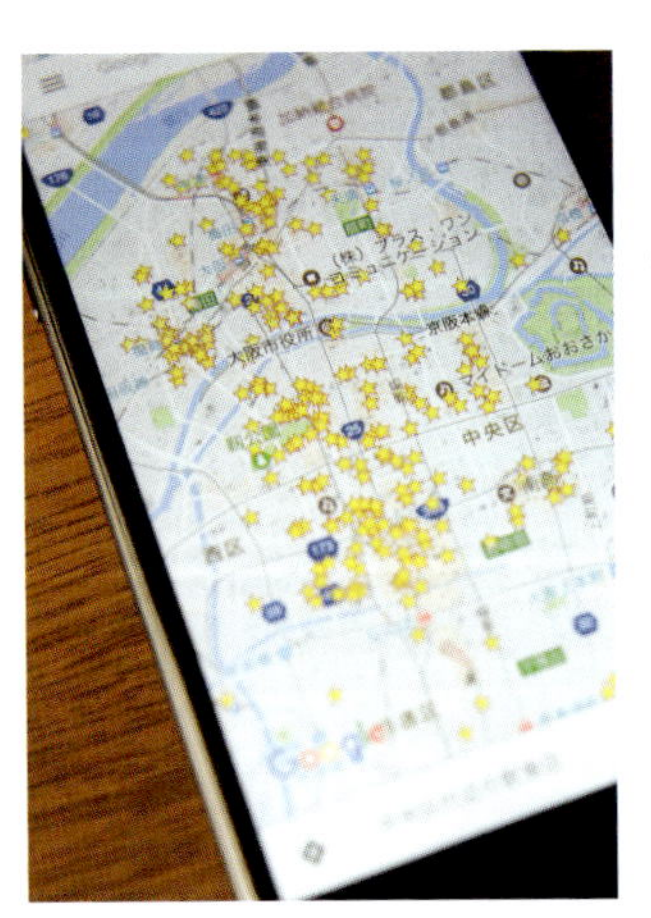

Google マップのスター機能を利用し、行きたい店やおいしかった店を保存。外食時はこの中から選ぶので、慌てません。

海老ときのこの
クリームパスタ

エリンギを輪切りにし、ボリューミーな1品に仕上げます。火を通した海老とエリンギをバター、塩、にんにく、バジルなどで調味し、生クリームを煮詰めるだけ。途中ミニトマトを加えて、爽やかに。

小豆シャーベット

材料は、缶詰のゆで小豆と常温保存できる豆乳。ジッパーつき保存袋に、ゆで小豆と豆乳を8対2の割合で入れ、袋の中で混ぜ合わせて平らにし、冷凍します。ポキポキ折ってざっくり盛りつけて。

じゃがいものガレット

手順がシンプルなので、会話しながらでも作れます。オリーブオイルを熱したフライパンに、じゃがいもをスライサーで千切りにして入れ、箸で平たく整えて焼きます。裏返して焼き、塩を振れば完成。

人を招きたくなるインテリア

部屋の印象を変えたいのなら、あなたのビジョンマップに合った椅子と照明を用意しましょう。気に入ったものが見つかれば、予算オーバーでもかまいません。

椅子には、完成されたデザインが持つ魅力があり、そこにあるだけで部屋をセンスアップしてくれます。選ぶときは、デザインと機能性の両面を吟味。一方の照明は、もし直づけ型のシーリングライトを使っているなら、ペンダントに変えてみてください。電球は暖かみのあるオレンジ色。シェードが生む陰影が、部屋を美しく見せます。

美しい椅子と照明。この2つがあれば、空間は一変し、人を招くのが楽しくなります。

右から、ヘイの「コペンハーグチェア」、アンティークのスツール、「レイチェア」、「ハートチェア」。

右／フロスの「ストリングライト」は、長いコードで空間に絵を描くような楽しさ。左上／シンプルで存在感のあるフレイムのペンダントと、部屋を幻想的に演出するイケアの照明。左下／窓辺の壁にはジャン・プルーヴェの「ポテンス　ウォールランプ」を。

[来客前のCheck List]

やるべきことを決めていれば、焦らずにすみます。
すぐ行動に移せるよう、スマホに項目をメモ。

多少の準備不足は、中国語の「差不多」（違いがない）でカバー。玄関前で深呼吸し、ゲストをお出迎え。

- □ 床にモップをかける
- □ 洗面所とトイレを掃除する
- □ 掃除テープをきれいにする
- □ ゴミを処理する
- □ スリッパを用意する
- □ 香りを炊く
- □ 音楽をリピートに
- □ エアコンを入れる

自分の好きなものは贈らない

「友人にもらったから、絶対捨てられない……」。整理収納サービスでお客様のお宅に伺うと、捨てられないものの中に、人からのプレゼントがあります。目の前のものの山と、受け取り手の気持ちを考えるうちに、贈り物に対する気持ちが変化してきました。

かつての私は、自分が好きで贈りたいと思うものを選んでいました。行列店の有名菓子、入荷待ち必至の人気ブランド品……。今思えば、「私がハンティングしたのは、話題のおしゃれなものよ！」という、自分のエゴを相手に押しつけていたのです。

あるとき、近所のママ友が、「これ安いけれど、すごくおいしい！」と、コーヒー豆をプレゼントしてくれました。気に入ったら、近くのスーパーでいつでも手に入り、気軽に味わえます。もし気に入らなくても、いずれ消費期限が切れ、処分することができます。これこそが、相手の気持ちを考えた、本物の贈り物だと気づきました。

「安いけれどおいしい」「どこにでも売っている」。以前の私なら避けていた言葉も、今では相手に気を遣わせない魔法の言葉のように思います。気軽に受け取れ、気楽に贈れる。贈る側と贈られる側の両者にとってＨＡＰＰＹな贈り物になり、かつ、タンスの肥やしにならずにすみます。

MICHAEL
ANASTASSIADES
EXHIBITI N
FLOS
Saint Louis
INVITATION
TOYO KITCHEN STYLE
UCC
REGULAR
COFFEE
1933
GOLD SPECIAL
ゴールドスペシャル
リッチブレンド
優雅な香りと深みのある味わい
レギュラーコーヒー 400g 粉

「お返し不要」の小さな贈り物

贈り物は、お返しを負担にさせない500～2000円程度のものを選びます。
渡すときは、使い方を提案し、「不用品」にならないように。

スパークリングワイン

コーヒーシュガー

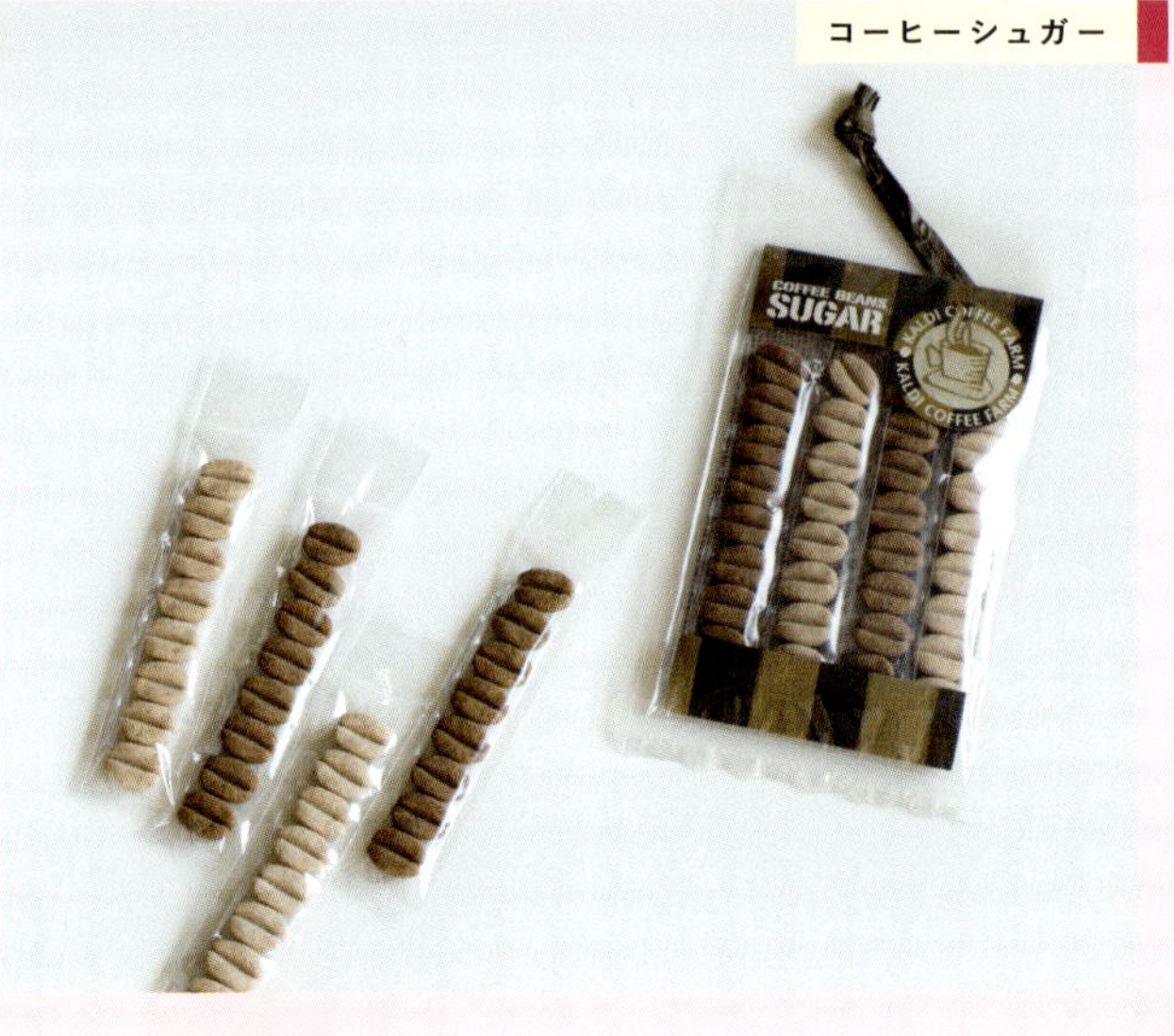

マコロン

はちみつ

右上／コーヒー豆の形をしたシュガーは、ティータイムの話題に。オリジナル コーヒービーンズシュガー 8P×4袋（カルディコーヒーファーム） 左上／シャンパンの代わりに気軽に楽しめます。フレシネコルドンネグロ 750㎖（サントリー） 右下／アカシアのはちみつで、みずみずしく、クリアな味わい。ミエリツィア イタリア産アカシアの有機ハチミツ（純粋）400ｇ（日仏貿易） 左下／上品なかわいらしさで、開けた瞬間に歓声が上がります。マコロン（HIGASHIYA）

歯磨き粉・薬用クリーム

ペティナイフ・はさみ

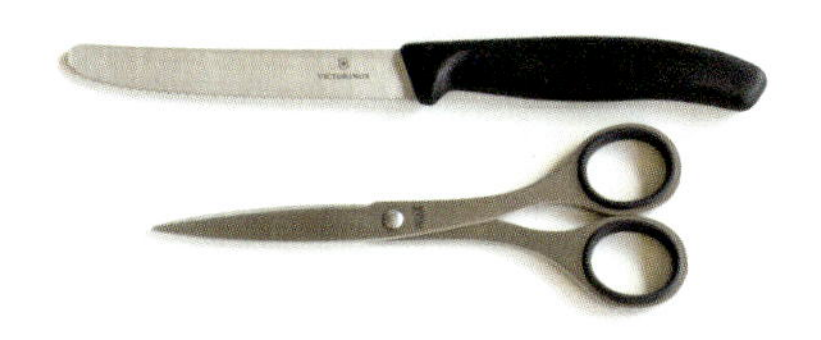

5本指靴下

右上／卓上で使いやすいペティナイフ。スイスクラシック トマト・ベジタブルナイフ ブラック（ビクトリノックス）、Goodデザインで切れ味抜群。ALLEX 事務用はさみ 中S-165（林刃物）　右下／足の冷え対策に。肌触りも◎。絹100% 5本指靴下（シルクふぁみりぃ）　左／オーガニックの薬用クリームと歯磨き粉。スキンフード30mℓ、歯みがき ハーブ 75mℓ（ヴェレダ）

［紙テープラッピング］

書く、巻く、はさむ……。アレンジのきく紙テープをラッピングや一筆箋に。パッケージも処分できるものを。

テープを封筒の中に折り込み、先端を斜めに引き出します。テープの先にはひと言メッセージを。お礼状や招待状にぴったり。

コピー用紙でプレゼントを包み、根元にテープを巻きつけます。両端の長さをアシンメトリーにカットし、先端にメッセージを書き添えます。

おわりに

私は片づけをアップデート（更新する）と呼んでいます。

その理由は、人は変化するもので、一瞬たりとも同じではいられないから。今このときを大切にしたいと考え、私の片づけは「今」を見ています。今のあなたに合ったもの、服、空間、コトを見つける作業。それが、私が考える片づけ＝アップデートで、いわゆる部屋の片づけは作業工程のひとつに過ぎません。

アップデートのはじめは、ものを猛烈に捨てるかもしれません。それは、すでに持っている、つまり今のあなたが恵まれていることに気づいてほしいからで、この気づきがあってこそ、ものは手放せると考えています。

「ものを大切にする」というのは日本人の美徳です。そう思うと同時に、２０１７年の豊かな日本に生きる私たちにとっては、呪縛になる危険があると感じています。過去に魅力的だったものも、未来に必要になるかもしれないものも、今のあなたが好きでないなら、手放したっていいのです。捨てることを扇動したり、消費賛歌したいわけではありません。川が流れるように人も移り変わるからこそ、人生は美しいと感じます。対してものは腐りません。ものより自分を主語に置くことで、今をありありと楽しんでほしいのです。

起業して6年、お客様の紹介のみで片づけの仕事をしてきました。このたび、私のメソッドを本にまとめるお話をいただき、私自身がアップデートに挑戦する機会を得ました。

最後になりましたが、ワニブックスの森さん、編集ライターの浅沼さん、カメラマンの中島さん、出版に関わってくださった皆さん、そして私を応援してくれる家族と友人に心より感謝いたします。

ＥＮＪＯＹ！ ＹＯＵＲ ＵＰＤＡＴＥ！

皆様が「今」を楽しんでくださいますように。

２０１７年4月　はらむらようこ

Canon

STAFF

構成　浅沼亨子

撮影　中島千絵美

デザイン　knoma+石谷香織、鈴木真未子

イラスト　camiyama emi

校正　東京出版サービスセンター

編集　森　摩耶(ワニブックス)

Shop List

ヴェレダ・ジャパン お客さま相談室　0120-070601
カルディコーヒーファーム　☎0120-415-023
三栄水栓製作所 東京支店　☎03-3683-7496
サントリーワインインターナショナル
0120-139-380
シルクふぁみりぃ　☎0745-78-9021
日仏貿易　0120-003-092
日本ゼネラル・アプライアンス　☎03-5643-1331(代)
林刃物　☎0575-22-3344
HARIO　☎0120-398-207
HIGASHIYA　☎03-5724-4738
ビクトリノックス・ジャパン　☎03-3796-0951(代)
MAWA Shop Japan　☎03-6715-1721
森田アルミ工業　☎072-480-1400

「好き」から始める暮らしの片づけ

著者　はらむらようこ

2017年4月20日　初版発行

発行者　横内正昭

編集人　青柳有紀

発行所　株式会社ワニブックス
〒150-8482　東京都渋谷区恵比寿4-4-9　えびす大黒ビル
電話　03-5449-2711(代表)
03-5449-2716(編集部)
ワニブックスHP　http://www.wani.co.jp/
WANI BOOKOUT　http://www.wanibookout.com/

印刷所　凸版印刷株式会社
DTP　株式会社三協美術
製本所　ナショナル製本

※本書に掲載されている情報は2017年３月時点のものです。商品の価格や仕様は変更になる場合がございます。
※本書の家事や収納方法などを実践していただく際には、建物や商品の構造や性質、注意事項をお確かめのうえ、自己責任のもと行ってください。

ISBN 978-4-8470-9559-7